人口城镇化进程中微型金融体系建设研究

李爱华 著

Research on the Construction of Micro Finance System in the Process of Population Urbanization

图书在版编目（CIP）数据

人口城镇化进程中微型金融体系建设研究／李爱华著. —北京：经济管理出版社，2019.12
ISBN 978-7-5096-3289-5

Ⅰ.①人… Ⅱ.①李… Ⅲ.①地方金融—金融体系—研究—山东 Ⅳ.①F832.752

中国版本图书馆 CIP 数据核字（2019）第 280301 号

组稿编辑：乔倩颖
责任编辑：申桂萍　乔倩颖
责任印制：黄章平
责任校对：陈　颖

出版发行：经济管理出版社
　　　　　（北京市海淀区北蜂窝 8 号中雅大厦 A 座 11 层　100038）
网　　址：www.E-mp.com.cn
电　　话：（010）51915602
印　　刷：三河市延风印装有限公司
经　　销：新华书店
开　　本：720mm×1000mm ／16
印　　张：13
字　　数：210 千字
版　　次：2019 年 12 月第 1 版　2019 年 12 月第 1 次印刷
书　　号：ISBN 978-7-5096-3289-5
定　　价：58.00 元

·版权所有　翻印必究·
凡购本社图书，如有印装错误，由本社读者服务部负责调换。
联系地址：北京阜外月坛北小街 2 号
电　话：（010）68022974　　邮编：100836

基金支持

1. 2016年山东建筑大学研究生优质课程，项目名称：现代经济学，项目编号：YZKC201613
2. 关于科技公司管理层股权激励方案的设计与制定研究，项目编号：H19106S
3. 关于未来五年外资企业在中国的市场分布、行业热点和发展前景研究，项目编号：H19107S
4. 中央财政开展小麦完全成本保险试点政策评估实证研究，项目编号：Z19002S

前　言

　　党的十八大提出新型城镇化发展战略，强调城镇化要以人为核心，实现城乡协调、统筹、一体化发展。作为新型城镇化核心的人口城镇化，主要指人口从农村向城市的转移。人口从农村向城市的转移，需要金融的支持，特别是需要微型金融的大力支持。长期以来，由于固有的城乡二元经济结构和资本逐利天性，我国的金融发展一直处于失衡状态，表现为各类金融机构云集城市，农村的金融机构数量少、产品和服务种类相对单一，为低收入群体和小微企业服务的微型金融供、求均不足。为此，需要对微型金融体系现状和存在的问题进行全面、深入的研究，以期为人口城镇化发展提供强有力的金融支持。

　　为能切实掌握微型金融体系建设的实际情况，以山东省为例，对微型金融体系做了全面调研，并在此基础上，采用时间序列数据对山东省人口城镇化与微型金融发展的关系进行了实证分析，阐述了不同微型金融机构的服务效率、发展现状，剖析了微型金融体系中存在的问题，进而提出了具体的政策建议。全书共分8章，第1章是导论，阐述了研究背景、研究目标、研究意义，并对国内外学者的研究成果进行了分析评价；第2章对研究所依据的理论基础进行了陈述，包括城镇化的相关理论和金融发展、农村金融及微型金融的相关理论；第3章研究人口城镇化与微型金融发展的相互作用机理，探寻二者相互促进的内在关系；第4章以山东省为例，对人口城镇化与微型金融发展关系进行实证研究，证明微型金融发展可以推动人口城镇化进程；第5章利用DEA模型，对山东省整体微型金融服务效率以及不同金融机构的微型金融服务效率进行对比研究；第6章分别基于市场失灵和政府失灵的角度探讨微型金融需求、供给和政府的主体行为特征，深入剖析微型金融体系建设中存在的问题；第7章在前面章节研究结论的基础上，分别从政府、政策性银行、大型金融机构、专业性微型金融机构的角度提出了在人口城镇化进程中促进微型金融体系建设的相关建议；第8章是结论与展望，对整个研究进行了总结，并结合国际微型金融发展的经验和教训以及微型金融在国际上的创新发展情况,提出了未来的研究方向。

得到的主要研究结论有:

(1)人口城镇化与微型金融发展具有相互促进作用,不过,两者之间并不是一种直接的关联关系,而是以经济发展作为纽带。

(2)不同的金融机构在提供微型金融服务时效率不同。专注于微型金融服务的城商行、村镇银行和小额贷款公司服务效率最高;因服务目标清晰、服务对象明确、服务范围既定,政策性银行微型金融服务效率也很高。不过,由于网点众多、分散,管理水平和技术水平较低,主要面向农村提供微型金融服务的农商行、邮政储蓄银行服务效率都较低。与之对应的国有大型商业银行和全国性股份制商业银行服务效率也不高,主要原因是其提供的微型金融服务比例低,存在既有的营业网点、技术、人才等资源浪费问题。

(3)扶贫是微型金融服务要实现的两大目标之一。在市场经济条件下,除了丧失劳动能力的赤贫人口需要政府给予直接的财政资金扶助外,对其他有劳动能力的贫困群体,应该秉持由市场配置资源的原则。政府可通过基建投资、医疗、教育、培训投资等改善低收入群体的生存环境;通过招标方式推进扶贫资金的商业化运行,运用"授人以鱼不如授人以渔"的观念使用扶贫资金,实现真正的永久脱贫。

(4)微型金融发展能够促进城镇化进程,政府应结合我国国情和各地具体的经济发展状况,推出切实可行的政策、措施和行动来推动微型金融体系建设。国家一方面应该持续鼓励专业微型金融机构发展,另一方面应提倡大型金融机构下沉业务范围,开展微型金融服务创新。

(5)对各类农民专业合作社这种内源性金融机构,政府应采取包容、鼓励的态度。国家对这类草根金融的发展不要以整齐划一的标准去约束,只需在充分、深入进行基层调研的基础上,做一个框架式的规范,用于引导这类金融机构发展,并将这类机构的运营数据纳入央行监管系统统一进行统计分析。

(6)各类金融机构要抓住机遇,发挥特色优势,充分借助于科技进步的力量推进微型金融体系建设。同时,孟加拉国乡村银行是全球在坚持扶贫和可持续发展双重目标的微型金融机构中运行最成功的范例,我国无论是专业性微型金融机构还是大型金融机构开展扶贫等微型金融服务,都应该充分学习它的运营模式,追求长久的可持续发展。

目 录

1 导论 …………………………………………………………… 1

  1.1 研究背景及意义 ………………………………………… 1
      1.1.1 选题背景与问题的提出 ………………………… 1
      1.1.2 研究目标与研究意义 …………………………… 7
  1.2 文献回顾 ………………………………………………… 8
      1.2.1 国外研究进展 …………………………………… 8
      1.2.2 国内研究进展 …………………………………… 13
      1.2.3 国内外研究简要评述 …………………………… 21
  1.3 相关概念和研究范围的界定 …………………………… 22
  1.4 研究框架和研究方法 …………………………………… 24
      1.4.1 研究框架 ………………………………………… 24
      1.4.2 研究方法 ………………………………………… 26
  1.5 创新点与需要进一步研究的问题 ……………………… 26
      1.5.1 创新点 …………………………………………… 26
      1.5.2 需要进一步研究的问题 ………………………… 27

2 人口城镇化进程中微型金融体系建设研究的理论基础 ……… 29

  2.1 人口城镇化的相关理论 ………………………………… 29
      2.1.1 人口迁移理论 …………………………………… 29
      2.1.2 城镇化发展动力理论 …………………………… 32
      2.1.3 马克思主义的城镇化理论 ……………………… 34
  2.2 金融相关理论 …………………………………………… 38
      2.2.1 金融发展理论 …………………………………… 38
      2.2.2 农村金融理论 …………………………………… 40
      2.2.3 微型金融理论 …………………………………… 42

3 人口城镇化进程与微型金融发展的相互作用机理研究 …… 46

3.1 经济发展是连接人口城镇化与微型金融发展的纽带和共同动力 …… 46
3.1.1 经济发展与人口城镇化 …… 46
3.1.2 经济发展与微型金融发展 …… 49
3.1.3 经济发展是连接人口城镇化与微型金融发展的纽带 …… 51

3.2 人口城镇化发展促进微型金融发展的作用机理 …… 52
3.2.1 人口城镇化对微型金融发展的拉动作用 …… 53
3.2.2 人口城镇化对微型金融发展的推动作用 …… 53

3.3 微型金融发展推动人口城镇化进程的作用机理 …… 54
3.3.1 微型金融通过服务小微企业促进人口城镇化 …… 54
3.3.2 微型金融通过服务低收入群体促进人口城镇化 …… 56

4 人口城镇化与微型金融发展关系的实证研究
——以山东省为例 …… 59

4.1 山东省经济、城镇化与金融发展概况 …… 59
4.1.1 山东省经济发展概况 …… 59
4.1.2 山东省人口城镇化发展概况 …… 64
4.1.3 山东省金融发展概况 …… 68

4.2 山东省微型金融体系发展状况 …… 71
4.2.1 山东省微型金融体系的构成 …… 71
4.2.2 山东省微型金融体系发展现状 …… 73
4.2.3 山东省微型金融扶贫状况研究 …… 79

4.3 人口城镇化与微型金融发展关系实证研究 …… 81
4.3.1 指标选择及数据处理 …… 81
4.3.2 协整回归模型的建立及结果分析 …… 84
4.3.3 格兰杰因果检验及结果分析 …… 87

4.4 本章小结 …… 88

5 微型金融支持人口城镇化的效率研究
——以山东省为例 ·· 90
- 5.1 数据包络分析法概述 ·· 90
  - 5.1.1 C^2R 模型 ·· 91
  - 5.1.2 BC^2 模型 ·· 91
- 5.2 微型金融支持人口城镇化的效率分析 ························ 92
  - 5.2.1 数据说明 ··· 92
  - 5.2.2 实证结果 ··· 94
  - 5.2.3 实证结果分析 ··· 95
- 5.3 微型金融不同供给主体供给效率对比研究 ···················· 96
  - 5.3.1 数据选择及说明 ······································· 96
  - 5.3.2 实证结果及分析 ······································· 97
- 5.4 不同类型金融机构开展商业性微型金融服务的优劣势分析 ·· 100
  - 5.4.1 贷款质量对比研究 ··································· 100
  - 5.4.2 不同类型金融机构开展商业性微型金融服务的优劣势分析 ··· 102
- 5.5 同业间的共生共存问题分析 ································· 105
- 5.6 本章小结 ·· 107

6 人口城镇化进程中微型金融体系建设的制约因素分析 ·········· 109
- 6.1 基于市场失灵的需求主体行为特征分析 ····················· 110
  - 6.1.1 交易成本高 ·· 110
  - 6.1.2 对扶贫资金认识有误,依赖过度 ····················· 110
  - 6.1.3 自我创业意识薄弱,投资机会和能力缺失 ··········· 111
  - 6.1.4 对新生事物和变革创新接受慢 ······················ 112
  - 6.1.5 小额贷款中消费性需求占比高 ······················ 112
- 6.2 基于市场失灵的供给主体行为特征分析 ····················· 113
  - 6.2.1 微型金融的使命漂移问题 ···························· 113
  - 6.2.2 内源性金融机构处境尴尬 ···························· 120

6.2.3 城市社区银行稀少，专业微型金融机构缺位 ……… 123
  6.2.4 中小金融机构缺少经营特色，呈现恶性竞争趋势 … 125
 6.3 基于政府失灵的政府行为特征分析…………………… 126
  6.3.1 政府在金融扶贫上存在的问题 ………………… 126
  6.3.2 对新兴的互联网金融监管不到位，潜在风险大 … 128
  6.3.3 政府多头监管，信息衔接不流畅 ……………… 129
 6.4 本章小结 ……………………………………………… 131

7 人口城镇化进程中微型金融体系建设政策建议…………… 133

 7.1 微型金融发展国际经验借鉴…………………………… 133
  7.1.1 美国丰富而完善的微型金融服务体系 ………… 133
  7.1.2 日本的微型金融——扶弱与高利贷并存 ……… 137
  7.1.3 国际组织的微型金融服务 ……………………… 140
  7.1.4 世界各国微型金融发展的经验与教训 ………… 141
  7.1.5 微型金融的未来发展趋势 ……………………… 142
 7.2 政府在微型金融体系中的定位及作用………………… 142
  7.2.1 微型金融具有一定的公共物品属性，需政府参与
     供给 ……………………………………………… 142
  7.2.2 制度建设 ………………………………………… 146
  7.2.3 资金的拨付 ……………………………………… 149
  7.2.4 基础设施、教育、培训和公共平台建设 ……… 151
  7.2.5 推进在央行统管下的差异化监管制度建设 …… 152
  7.2.6 推动空心村改造建设 …………………………… 153
  7.2.7 鼓励兴办中小型企业，吸纳劳动力就业 ……… 153
 7.3 大型金融机构微型金融服务定位及介入路径………… 154
  7.3.1 以参股形式介入微型金融机构 ………………… 154
  7.3.2 业务下沉，服务小微企业 ……………………… 154
  7.3.3 将市区储蓄网点改造为社区银行运营模式 …… 155
 7.4 专业性微型金融机构的定位及业务拓展……………… 156
  7.4.1 抓住机遇，突出特色 …………………………… 156
  7.4.2 吸取印度微型金融发展的经验与教训 ………… 156

7.4.3 构建专门的孟加拉国乡村银行模式的小贷公司或提供
　　　　　 该种模式的服务 ·················· 159
　　　7.4.4 充分利用现代网络,开发创新更多服务品种 ········ 165
　　　7.4.5 建立可行高效的管理模式 ··············· 168
　　　7.4.6 采取灵活定价机制 ·················· 168
　7.5 本章小结 ························· 169
8 研究结论与展望 ·························· 172
　8.1 主要研究结论 ······················· 172
　8.2 未来研究方向 ······················· 175

参考文献 ······························ 177

后记 ································ 194

1 导论

1.1 研究背景及意义

1.1.1 选题背景与问题的提出

(1) 新型城镇化是我国经济发展中的重大发展战略。城镇化（Urbanization）是指第二、第三产业在城市集聚，农村人口不断向非农产业和城市转移，使城市数量增加、规模扩大，城市生产方式和生活方式向农村扩散、城市物质文明和精神文明向农村普及的经济、社会发展过程。"城镇化"是中国学者辜胜阻于1991年首次提出的概念，在此之前，国内学者一般都是用"城市化"这个词汇。2000年10月，中国共产党第十五届四中全会通过的《关于制定国民经济和社会发展第十个五年计划的建议》正式采用了"城镇化"一词，此后我国的官方文件中统一使用"城镇化"。党的十八大报告提出"坚持走中国特色新型工业化、信息化、城镇化、农业现代化道路"，在随后的2012年12月15~16日召开的中央经济工作会议上正式提出"新型城镇化"这一词汇。党的十八大以及之后陆续发布的《中共中央关于全面深化改革若干重大问题的决定》和《国家新型城镇化规划（2014~2020年）》逐步明确了新型城镇化的含义：是以城乡统筹、城乡一体、产业互动、节约集约、生态宜居、和谐发展为基本特征的城镇化，是大中小城市、小城镇、新型农村社区协调发展、互促共进的城镇化。追溯我国进入21世纪以来推行的城镇化道路可以发现，2000年，官方首次使用"城镇化"这个词汇时,主要强调的是大中小城市和小城镇协调发展;而党的十八大之后冠之以"新型"这一定语,从城乡经济发展的角度看,则突出强调的是城镇化进程中城乡发展关系的协调、统筹、一体化,强调人的城镇化是新型城镇化的核心。新型城镇化成为我国国民经济发展的重大战略,其强调以人为核心,必将为持久地拉动内需,促进国民经济健康、和谐、持续发展发挥极为重要的作用。

(2) 人口城镇化是新型城镇化的核心和载体。学术界分别从经济学、地理学、人口学等不同角度对城镇化的内涵进行分析,有的认为城镇化分为社会城镇化、经济城镇化和人口城镇化三个方面(王曙光和王东宾,2012),有的将城镇化分为人口城镇化、土地城镇化和生活方式的城镇化三个方面(王桂新,2013),有的将城镇化分为人口城镇化、空间城镇化和产业城镇化三个方面(赵峥,2011),还有的按照人口迁移的地理位置将城镇化分为迁移城镇化和就地城镇化(王桂新,2013),更简单的则直接把城镇化区分为人口城镇化和土地城镇化两方面。无论怎样划分,人口城镇化都是城镇化的核心。人口城镇化是指农民向市民的转化。其他任何方面的城镇化均要通过人口的城镇化来实现,并由人来享受城镇化带来的收益,即人的城镇化才是城镇化的核心和载体。根据国家统计局的数据,2011~2015年,我国常住人口城镇化率分别为51.27%、52.57%、53.37%、54.77%和56.1%。从上述数据可以看到,我国人口城镇化率逐年提高,表现出良好的发展态势,特别是2015年末的城镇化率已经超过世界城镇化率的平均水平1.2个百分点。

(3) 人口城镇化既要追求人口数量的城镇化率,更要注重人口城镇化的质量。不过,考察我国近年来人口城镇化的数量和质量,会发现与人口数量的城镇化率对应的人口城镇化的质量没有取得与数量等同的发展。比较突出的问题有以下四个:

一是农村劳动人口进城的同时伴随着家庭成员的割裂。随着进城务工人员的增多,虽然从数量上提高了常住人口城镇化率,但与之相伴的留守儿童、留守老人数量并没有明显下降。这说明这一部分进城务工人员远未从社会关系、社会组织等角度融入城市,同时也没有实现新型城镇化所追求的城乡统筹发展的目标,因为这些已经进入城市工作的农民并没有真正把城市作为自己扎根生存并永居之所,同时也没有起到带动家乡经济发展的作用，他们仅仅是漂泊在城市的打工者，用在城市打工获取的收入来维持个人以及仍在农村的父母、子女的生活费用，并且这些人中未来可能很大一部分依然要回归农村。这种城镇化的状态并没有真正使得农村人口的城市归属感同步提升。

二是农村经济、农业人口的发展呈现出的二元结构或者三元结构，不利于国家新型城镇化目标的实现。二元经济结构理论最早是刘易斯在20世纪50年代提出的，他认为边际产量接近或等于零的传统农业部门与边际产量较高的现代工业部门并存是发展中国家的显著经济结构，发展中国家经济发展的核心问题也正是如何使经济由二元结构向单一的现代增长体系转化。借鉴二元经济结构理论，抛开我国城乡经济发展的二元结构，单纯考察我国农村经济的发展状况，可以说在我国农村经济内部就存在二元结构（陈宗胜、吴婷，2015）。从经济发展和城镇化发展的角度谈，二元结构主要是指近郊农村与偏远农村在经济、社会发展各方面存在较大的差异，特别是在城镇化进程中，近郊农村由于地理位置优势，各省份在单纯追求地域或者土地城镇化过程中，由于土地开发而使得近郊农民大量撤村建居，集体上楼，抑或一夜暴富；而偏远的农村则因为地理位置距城区偏远，缺少开发价值，无论是基础设施建设还是民居工程、经济发展都滞后于近郊农村；农村内部传统农业与乡镇企业并存（任保平，2004）。同理，从农业人口就业的角度考量，则农村的人口发展呈现出三元结构，即农业就业、农村非农业就业和城镇非正式就业（胡鞍钢和马尾，2012）。农业就业就是务农，从事传统的农业生产；农村非农业就业则是指在乡镇企业就业；城镇非正式就业就是指身处城市的农民工。很显然，农村经济的二元结构和农业人口发展的三元结构虽然也可能会沿着刘易斯提出的二元经济结构发展路径，逐步由二元或者三元向高增长的现代经济体系发展，但不可否认的是，这种二元及三元结构的存在，一方面会使城镇化进程出现断崖式发展，即农村中富裕阶层相对更容易进入城市，从而推动城镇化进程，但剩下的人口与城市的差距会更大，会导致未来的城镇化进程出现比较艰难和缓慢的局面；另一方面则是由于经济发展的不平衡造成一些经济和社会的矛盾，从而阻滞新型城镇化战略所倡导的城乡统筹、城乡一体、新型农村社区协调发展目标的实现。

三是进城务工人员自身素质、劳动能力都亟待提高。相关资料显示，截至2015年末,全国进城务工的农民工中初中毕业的占59.7%,高中及高中以上学历的占25.2%(2014年底高中及高中以上的进城务工人员比例不足20%,高学历人数的比例上升还是比较快的),小学及以下的(含未读过书的)占15.1%,接受过职业技术培训的占32%[①]。这些农民工主要分布于建筑、采掘、环卫、家政和餐饮等行业,从事技术含量较低的体力劳动。特别是在建筑业和采掘业中大约80%的劳动力是农民工,而环卫、家政和餐饮这类服务业农民工比例也达到了50%以上[②]。从上述数据可见,进城务工的农民学历普遍偏低,接受技术培训的比例也较低,从而导致整体的边际生产力偏低,既不利于国民经济发展整体效率的提高,也影响着城镇化的进程。

四是进城的农业人口城市归属感薄弱,既无正式的城市户籍,也不能享受平等的市民待遇。国家统计局的数据显示,截至2015年末,我国城镇常住人口为7.7亿,城镇化率达到56.1%,而同期的户籍人口城镇化率只有39.9%,说明进城的农民工及其家属基本都未获得城市户籍,从而也就无法享受与户籍挂钩的入学、医疗、养老等社会福利和社会保障,也无法与市民享有同等的公共服务,突出显示了城镇化质量落后于城镇化的数量,必然导致这些农业人口在城市缺乏归属感。当然,户籍问题发展到今天,除了有各地城市对农民取得城市户籍的种种条件的制约,同时也存在很现实、看上去比较矛盾的问题,就是农民是否愿意放弃农村户籍(杨叶忠,2012;唐宗力,2015;陈昭玖、胡雯,2016)。由于国家一直致力于改善农民的生活水平,近年来推出一系列诸如减免农业税,给予粮食、农资等各类补贴,探讨逐步允许承包的土地确权转让,宅基地有偿出租、置换、转让,集体经济收益分红等,使得农村户籍也变得拥有诸多利益,并且这种利益还隐含着会逐步提高的预期,这在很大程度上使得进城务工的农民并不愿意放弃农业户口。

(4)伴随着城镇化的步伐,农村的空心化现象越来越突出。农村的空心化与人口的城镇化质量不高同属于城镇化进程中不能满足协调、统筹发

---

① 数据来源于《习近平:以人的城镇化为核心》,http://news.sohu.com/20160228/n438745860.shtml,2016-02-28。

② 数据来源于《农民工广泛分布于国民经济的各个行业》,http://www.zhijiandoukou.com/mp/ayvwxif.html,2016-11-21。

展目标的严峻问题。这种空心化既有人员的流失、土地的空置，也有经济发展和精神世界的衰败，具体表现为人口的空心化、人居的空心化、农业经济和技术的空心化和文化（精神世界）的空心化。首先，从农村人口看，高中毕业生一部分通过努力进城读书并留在城市工作，还有更多的青壮年劳动力进城务工，留在农村的更多的是儿童和劳动能力几近丧失的老人。根据国家统计局 2012 年数据资料，2012 年全国乡村人口为 97065 万人，其中从业人员为 53858 万人，这些人中从事农林牧渔业的农民为 27032 万人、进城务工的农民工为 26826 万人，在进城务工的农民工中，16~50 岁的青壮年农民工数量为 22775 万人，占进城务工农民工总量的 84.9%。其次，人口的空心化带来了人居的空心化。从宅基地看，人走屋空以及习惯上的建新不拆旧，都加剧了人居的空心化程度。王介勇等于 2011 年专门以山东省 76 个村庄作为样本，通过遥感、GIS 等技术手段和入户调查相结合的方法，对山东省宅基地空置情况进行了严谨的调研，得到了 76 个村庄宅基地空心化程度从 2.5% 到 42.5% 的不同数据，均值为 17.1%。他们进一步分析认为：宅基地越多，空心化率越高；人均收入越高，空心化率越低；人均耕地面积越大，空心化率越高。这些研究结论也从侧面表明，我国农村生产力还较低，大多都处于较为粗放的生产经营阶段，对土地的利用率不高。再次，从农业经济和技术上看，也存在空心化。有数据显示，我国 2006 年粮食处于自给自足并能出口的态势，到 2015 年则成为了世界上最大的粮食进口国，同期的美国则是世界上最大的粮食出口国。而从事农业生产的人口，中国却是美国的 230 倍。与此同时，我国生猪生产成本也高于美国约 2.4 倍。这些数据都充分表明，我国农业生产力落后，这种生产力落后完全是由于没有先进的农业技术和先进的管理经验造成的。最后，由于大量青壮年和高学历者进城务工，农村主要以老人、儿童和少数妇女为主，这些人群的文化需求和消费水平不高且单一，精神世界也相对空虚，导致农村文化（精神世界）空心化。这种空心化直接带来的是农村和农业的衰败，这种衰败会强化城乡二元经济结构，它既是快速城镇化的一个直接后果，也会导致未来城镇化进程出现断崖，更不利于我国提出的新型城镇化所倡导的城乡协调、统筹、一体化发展目标的实现。

（5）人口城镇化的实现需要资金的投入，微型金融是为人口城镇化提供资金的主力。在人口城镇化过程中，无论是人口城镇化质量亟待提高还是农村空心化问题，都有悖于新型城镇化追求的城乡协调、统筹、一体化发展的目标，都需要通过农村经济稳定而迅速的增长、农业人口劳动技能和素质的大幅提高来解决。而充足的资金投入则是支撑农村经济和城镇化发展、农业人口劳动技能和素质提高的基本前提。学者们从不同角度对我国新型城镇化所需的资金投入进行了测算，孙东琪等（2016）经过测算提出，2015~2030年，有31567.96万农村人口转为市民，总计需要投入资金105.38万亿元，这些资金分别用于个人生活、居住、子女教育、医疗和养老保障、城镇公共管理、基础设置建设等方面。张立（2015）以厦门市为例，测算了个人、企业和政府在人口城镇化所需投入的资金额度占比，认为个人所需付出的大约为55.1%，企业付出约16%，政府付出约28.9%，而个人以及企业的付出除了个人收入支出外，将直接带来对微型金融的巨大需求。微型金融作为主要面向农村低收入阶层的金融服务，从理论和成立初衷上讲，其业务发展显然更能契合农民、农村以及城市低收入阶层的需求，从而也会促进农村经济发展、改变城镇化断崖式发展趋势，真正促进城乡统筹、协调、一体化发展的战略目标的实现。

（6）我国现有微型金融体系在为人口城镇化提供微型金融服务时，尚存在供给不足、使命漂移等诸多问题，亟待加强改革建设。虽然在国家实施新型城镇化战略后，形成了以农业发展银行、农业银行、农村信用社（农村商业银行）为主导的正规金融机构和由小额贷款公司、村镇银行、农村资金互助社等小型金融机构构成的多层次农村金融体系，但是，长期以来，由于国家固有的城乡二元经济结构和资本逐利天性，我国的金融发展也处于失衡状态，表现为各类金融机构云集城市，农村的金融机构数量少、产品和服务种类相对单一，城乡金融资金总量差异大，或者说表现为一种农村金融服务的空心化（陈池波、韩占兵，2013）。有数据显示，2015年全国金融机构营业网点22.07万个，全国平均每万人拥有金融机构营业网点1.6个，农村乡村一级每万人拥有金融机构营业网点0.22个，城乡差异极为明显。而且这些微型金融服务在实际发展运作中尚存在资金来源渠道狭窄、可持续性弱、机构管理水平低下、交易成本高、使命漂移等各种各样的问题。

综上所述，一方面，人口城镇化是新型城镇化的核心和载体，人口城镇化的推进对微型金融产生巨大的需求；另一方面，我国现有的微型金融服务体系尚存在各种问题。故本书围绕人口城镇化和微型金融的互动较为深入地探讨在人口城镇化进程中微型金融体系建设完善问题，试图为微型金融能够在真正惠及贫困农民、偏远而落后的农村经济的同时获得可持续的健康发展提供一些有效的建议。

1.1.2 研究目标与研究意义

1.1.2.1 研究目标

（1）分析论证人口城镇化与微型金融发展的相互作用机理。

（2）研究分析不同微型金融供给主体提供的微型金融服务的效率，进而厘清现有微型金融体系在为人口城镇化提供微型金融服务时存在的各种问题。

（3）为微型金融体系建设提出有针对性的建议和意见。

1.1.2.2 研究意义

本书的理论意义有以下几点：

（1）为有的放矢地制定推动人口城镇化进程的策略提供理论支撑。本书基于对山东省城镇化发展和微型金融发展的关系研究，得出结论：激励农业人口向城市转移的动力不仅取决于城乡间经济发展水平的绝对差异，经济增速以及对增速的预期也极大地影响着农业人口向城市转移的欲望。要加快城镇化进程，推动城市经济高速发展是关键。同时，提高农村经济发展速度更有利于实现城乡一体化这一新型城镇化长远目标的实现。

（2）为正确实施产业结构调整政策提供了理论支撑。基于计量模型的实证研究，得到在我国目前经济发展阶段，只有大力支持小微企业发展、支持民营经济和第三产业发展才更有利于加快人口城镇化速度的结论。

（3）为正确实施扶贫政策、推动微型金融机构实现扶贫与可持续发展双重目标提供了理论支持。本书基于博弈论的方法，对我国微型金融发展过程中的使命漂移问题进行研究，得到在市场经济体制之下，微型金融机构自身只有使命漂移的激励，而缺乏持续扶贫的激励。微型金融使命漂移的预防与纠正，必须依赖外部力量。

本书的实践意义有以下几点：

（1）本书使用了大量山东省经济发展、金融发展的实际数据和案例来研究对城镇化的影响，研究更有针对性，研究结论更具有可操作性，可以用于指导实践，有利于更好地利用微型金融这个工具促进新型城镇化的发展。

（2）本书利用 DEA 模型详细阐述了不同金融机构的微型金融服务效率，对改进微型金融服务、推动微型金融体系建设有较强的借鉴意义和可操作性。

（3）扶贫是微型金融的一个使命，本书专门就政府、大型金融机构及微型金融机构的扶贫问题进行了详细的分析，并提出了采取招标方式委托金融机构发放扶贫款等可行的运作方式，对提高扶贫资金的使用效率、使贫困人口真正受益有较大的帮助。

（4）对微型金融发展中存在的问题分别从需求、供给和政府作用的角度进行了分析，并针对这些问题提出了具体的解决办法，既有利于微型金融机构未来更顺畅地发展，也有利于政府更好地为微型金融发展做好引导和保障工作。

1.2　文献回顾

1.2.1　国外研究进展

1.2.1.1　关于人口城镇化与经济发展的关系

在国外，用 Urbanization 表示城市化，主要表示由乡村向城市转化的过程。A. 塞尔达（1867）在其《城市化概论》中最早提出了"城市化"一词。西方的城市化基本上与工业化相伴随，符合钱纳里关于城市化与经济发展的学说，即工业化的开始推动了城市化的起步；工业化的发展提高了农业的生产力和技术水平，使得农业劳动力出现剩余并转移到城市和工业部门，推动了城市化的发展；随着城市化发展的起步并进入中级阶段，即城市化快速发展阶段，工业化与城市化互相促进、协调发展的特点表现得更加显著，城市化与经济增长的相关系数很高；进入城市化饱和阶段后，城市化与工业化发展之间出现了离散现象，城市化与经济增长的相关系数下降，甚至不明显（郝寿义等，2007）。联合国在 1974 年率先提出，随着时间推移和经济发展，人口城镇化呈"S"形变化规律，此后学者们纷纷利用计量统计方法研究城镇化与经济发展的关系，大多数学者研究认为二者之间呈显著正相关关系（孔祁祥等，2013）。例如，Luiz、Mello（2002）对巴西政府的支出与经济增长的关系进行了实证研究，证实城市化与经济增长具有显著的正相关关系；Henderson（2003）利用不同国家的城镇化率与人均 GDP 做了一个面板数据分析，得到人均 GDP 与城镇化率的相关系数为 0.85。但是 Henderson（2003）也同时指出，城镇化对经济的刺激有一个度的问题，程度恰当则会促进生产率提高和经济增长，但过快的城镇化进程或者过低的城镇化率都会影响增长。Gallup 等（1999）、Fay（2000）、Fox（2012）等也持有同样的观点，即城镇化率必须与经济发展水平相适应。并且，Gallup 等（1999）进一步研究城镇化与经济增长的关系，认为经济增长对城镇化的促进作用大于城镇化对经济增长的作用。Herrmann、Khan（2008）针对非洲由政府拉动的快速的城镇化进行了研究，认为这种城镇化并没有带来生产力的提高和城乡经济增长，他们指出，如果非洲国家农村地区贫困状态没有显著改善，就不可能有可持续发展的城镇化。Brückner（2012）也同样对非洲国家的城镇化进行了研究，他利用 1960~2007 年 41 个非洲国家的数据研究发现，农业增加值占 GDP 份额的减少会导致城镇化率显著提高，而经济增长主要通过农业部门迁移影响城镇化率。

1.2.1.2 关于城镇化与金融发展的关系

关于城市化中的融资问题，因为西方发达国家的城市化已经完成，所以西方学者研究相对较多的是金融发展对城市化进程中具体领域、某一维度或行业的资金推动作用。Smith、Zhang（1980）提出，发展中国家可以通过国际开发署获取经济援助，推动城市化的进程。Stopher（1993）发现在城市化进程中金融发展为美国铁路交通建设提供了巨大资金，并支持其发展。Jayaraman、Randeep（1996）分别针对城市和农村提出城市化的不同路径及融资方式。Kyung-Hwan Kim（1997）提出，房地产行业已经成为城市经济的支柱行业，而房地产行业最大的特点就是建设资金需求量大，银行贷款所占比例大，因此增强金融发展对基础设施建设的支持作用能对城市化起到至关重要的积极作用。Cho 等（2003）认为，土地投资与开发是城市化的一个重要方面，当前在土地开发中的最大困难是资金短缺问题，因此，强调金融对土地投资与开发的支持，对于加快城市化进程有很大的促进作用。Chang、Miao（2004）发现中国城市水资源开发项目面临的挑战是快速的城市化，认为金融发展能够解决水资源建设中的资金瓶颈问题，能为快速的城市化铺平道路。Stein 和 Vance（2008）针对中美洲城市贫困人口，提出利用政府补贴、抵押贷款、共同筹资等方式解决城市贫困人口的住房问题。Mathur（2013）则针对印度的城市化，提出自筹资金解决城市化进程中的资金问题。Yves Cabannes（2012）通过对拉丁美洲、亚洲和非洲的 17 个大小不同的城市的调查，认为金融机构并不情愿贷款给农民，但"仍然保有积极的或者说同情农民组织和农业活动的心态"。同时，他们认为农村金融最大的创新是创立社区银行以及地方和区域货币发行，它们在促进货物流通等方面是很成功的，而这种参与式的内源性的融资正是农民所需要的。

1.2.1.3 关于微型金融及其发展

外国学者从理论及实际应用领域对微型金融展开研究，其研究热点主要集中于以下三方面：

（1）微型金融的作用。微型金融最直接的作用就是有益于缓解和消除贫困（Zeller，2006；Swain、Sanh 等，2008），并改善低收入阶层生存状态（Hulme、David、Mosley，1997）。同时，贫困阶层通过获得小额贷款改变了初始禀赋差异，增加了生产机会和收入来源，从而不仅优化了资源配置，还促使收入分配更加公平（Adams、Graham、Pischke，1985）。此外，微型金融还使妇女的生存状态得到改善，妇女的资产所有权、决策权、法律和平等意识均得到提高（Pitt、Khandker，2002；Zeller，2006）。更进一步地，Khandker 和 Shahidur 等（1998）通过对孟加拉国乡村银行（格莱珉银行）的调查，发现微型金融的实施不仅使参与者个人收入得到提高，并且使参与微型金融计划的村庄的产量翻了一番。当然也有学者认为，虽然微型金融会改善低收入者状态，但由于贷款利率较高，也加大了低收入群体的利息负担（Hulme、David、Mosley，1996），特别是微型金融机构为了规避风险，并不会为所有贫困者提供服务，处于贫困阶层中最底层的赤贫阶层被排斥在外（Weiss、Montgomery，2005）。

（2）微型金融的风险及控制。国外学者关于微型金融的风险及控制的研究主要集中于信息不对称理论，他们大多都认为信息不对称引发的逆向选择和道德风险导致了微型金融机构的风险，并据此提出了相应的风险控制理论。具体而言，由于信息不对称，作为贷款人的微型金融机构并不清楚哪些借款人安全性高、哪些借款人危险性高，并且，当区分不同借款人个体风险特征的成本较高时，贷款人只好对所有借款人都实行一样的能够弥补贷款人成本的利率水平（Aghion、Morduch，2005），这必然导致安全性高的借款人被排斥出市场，此时就发生了逆向选择（Stiglitz、Weiss，1981）。借款人获得资金后，由于贷款人无法观察到每个借款人具体的资金使用情况，会出现借款人改变资金用途，投向高收益高风险的项目（Simtowe，2006）；或者在资金投资成功、明明有能力还款时，借款人却选择"策略性欠款"或"携款潜逃"（Aghion、Morduch，2005），这都属于基于信息不对称引发的道德风险。

　　针对这些风险问题，诸多经济学者的研究结论也有较高的一致性，他们大多都认可团体贷款模式能够对克服逆向选择和道德风险问题起到良好作用。团体贷款客户具有很强的同质性，贷款人只需要了解部分客户的情况，基本就了解了一个团体风险高低的问题，从而较为有效地缓解了贷款人和借款人的信息不对称，克服了逆向选择（Aghion、Gollier，2000）；同时，团体贷款所伴随的连带责任、停贷威胁和同伴之间的监督也很好地解决了道德风险问题（Stiglitz，1990；Huppi、Gershon，1990；Ghatak、Guinnane，1999；Aghion，1999；Laffont、N'Guessan，2000；Raghunathan等，2011）。不过，Besley和Coate（1995）利用"还款博弈"模型研究认为，团体贷款有积极和消极双重效应，一方面通过成员间的有效监督，特别是当贷款项目收益能够抵补贷款成本时，团体贷款成员会积极还款；另一方面的负面影响是如果成员合谋，即使一部分成员有能力还款，整个贷款团体仍会出现违约。对此，他们也提出可以通过抵押方式降低团体贷款的消极影响。Takashi和Khan（2012）通过对巴基斯坦1998~2007年十年间45000份小额贷款数据的分析，同样认为如果激励机制不当，团体贷款极易发生一人不还贷则其他成员会选择策略性违约的情况。

　　最近几年，学者从团体贷款以外的其他领域提出了一些防范或控制微型金融风险的思路。比如，一些经济学者认为产品创新，开发以客户为主导的产品（Hamp、Laureti，2011），不断推出多样化产品是微型金融机构分散风险的重要手段（Alain，2013）；加强对高级管理人员的风险控制培训、对员工进行绩效管理和提高储蓄（Aghion、Morduch，2005；Magali、

Joseph John，2013）都是农村微型金融机构控制风险的有效手段和长效机制。Pelke 和 Musshoff 等（2015）利用线性概率模型的两步估计方法（LPMS）和有序 Logit 模型（SLM），对马达加斯加的小额贷款进行研究，提出以天气指数为基础的保险有可能会减轻小额信贷的风险，提高还款可能。

（3）微型金融的可持续发展和使命漂移。微型金融的可持续发展问题既是微型金融研究的核心问题（Christen 等，1995），也是分歧很大的问题，迄今为止，微型金融的可持续性尚没有一个统一的、明确的定义（Anand、Anil 等，2010）。微型金融从产生至今，一直存在福利主义和制度主义两种类型，福利主义实质上是一种公益性模式，注重微型金融的社会扶贫功能，有些微型金融机构也试图实现效率与公平的"双赢"，但效果并不理想，很难持久，需要政府补贴（Anand、Anil 等，2010）。制度主义实质上是一种商业化模式，它更关注微型金融机构的可持续发展，这种可持续性主要体现在经营的可持续及财务的可持续上。简单地说，可持续发展就是提供微型金融服务的机构不必依赖政府、国际组织或捐赠等而能够实现独立存在和发展（Christen 等，1995），或者说客户可以支付服务的全部费用，从而使微型金融机构在经济上可持续运行（Rhyne，1998）。Yaron（1992）提出一个"补贴依赖指数"（Subsidies Dependence Index，SDI）用于衡量农村金融机构的可持续发展能力，

$$补贴依赖指数（SDI）=\frac{收到的各种补贴总额}{年平均利息收入}$$

需要说明的是，公式中"收到的各种补贴总额"包括获得的无偿补贴、捐赠和微型金融机构获得的优惠利率贷款，但要扣除其为优惠利率贷款支付的利息。他指出，如果补贴依赖指数为零，就表示该机构可以取消所有补贴自行维持财务的可持续性，即实现了完全的可持续性。Hossain（1988）则认为微型金融机构只有财务上是可持续经营的，这个项目才能被推广并有能力为更多的穷人服务。Rhyne（1998）提出，可持续发展不是微型金融的目标，而应该是增进社会福利的手段。Ana 和 Paola（2011）则提出有序竞争的市场环境是微型金融机构可持续发展的重要因素。

与可持续发展的争议并存的，就是微型金融的使命漂移问题。当微型金融从偏向于穷人转为偏向于相对富裕的人群，将穷人排斥在外时，就发

生了使命漂移（Montgomery、Weiss，2006）。具体而言，平均贷款规模增加表示微型金融出现了使命漂移（Bhatt、Tang，2001；Cull 等，2007）；贷款方式从不需要正式抵押的小组贷款方式向个人贷款方式转变，也被认为是出现了使命漂移（Mosley、Hulme，1998）；如果微型金融呈现出远离偏远乡村、向交通方便地区转移的趋势，或者相关的农业贷款和农户贷款占比下降，也意味着发生了使命漂移（Schreiner，2002）。而金融机构之间的竞争导致利率下降、成本提高，迫使一些微型金融机构不得不转向穷人中的更富有者（McIntosh、Wydick，2005；Morduch，2000），或者扩大平均贷款规模，发生扶贫挤出效应（Hishigsuren，2007）。不过对这种扶贫挤出效应，Conning（1999）有不同看法，他提出提高贷款利率有利于实现微型金融机构的可持续发展，可持续发展是实现社会扶贫的一种途径，而由于穷人对资金的需求弹性很小，所以即使提高贷款利率也不会对穷人的贷款需求产生很大影响。总之，关于微型金融到底应该坚持扶贫宗旨还是追求可持续发展目标，抑或追求二者的共同实现，到目前仍在激烈的探讨中，并没有真正解决微型金融的扶贫与可持续发展的两难困境，而微型金融的这两个目标也被比喻成数学中的双重最大化问题，迄今无解（Rhyne，1998；Pedrini、Ferri，2016）。

1.2.2 国内研究进展

1.2.2.1 城镇化与新型城镇化、人口城镇化

（1）城镇化概念及其内涵的沿革。辜胜阻在1991年发表的7篇学术论文中均提及"城镇化"一词，被视为是中国第一个正式采用"城镇化"这一概念的学者。此前，国内学者一般都使用"城市化"。不过当时辜胜阻在这些论文中并未就"城镇化"的概念或范畴做出明确说明。直到1995年，辜胜阻在其发表的《中国二元城镇化战略构想》中明确指出"中国的城镇化道路是城市化、农村城镇化与农村非农化并举"。显然，辜胜阻将城镇化视为比城市化更为宽泛的一个概念，其包括城市化、农村城镇化与非农化三个维度。它符合中国城市和农村经济发展过程中多层次发展的特点。2000年中国共产党第十五届四中全会通过的《关于制定国民经济和社会发展第十个五年计划的建议》正式采用了"城镇化"一词。原国务院经济体制改革办公室副主任邵秉仁在回答记者提问时说，城镇化"从含义上

讲更符合我国的实际。我国农村需要转移的农村人口数量巨大，仅靠大中城市吸收农村人口有较大的难度，必须采取两条腿走路的方针，即大中城市和小城镇共同吸纳农业人口，走出一条适合我国国情的大中小城市和小城镇协调发展的城镇化道路"。很显然，我国政府 2000 年提出的城镇化与辜胜阻的观点基本一致，是一个广义的概念。

虽然我国政府开始统一使用"城镇化"这个说法，不过，翻阅我国学者的学术论文可见，大多数学者在使用"城市化"或"城镇化"时没有特意加以区别，将二者视为等同。但周加来（2001）对城市化、城镇化、农村城市化和城乡一体化这四个概念做了严格的区分，他指出，城市化是随着社会、经济发展，农村要素不断转化为城市要素的"量化"过程和城市要素不断向农村扩散的"同化"过程的有机统一，是一个永恒的过程，而不是结果。"量化"过程主要以农村城市化来推进整体城市化；当城市化水平达到或超过 50% 时，城市化应转向以"同化"过程为主，即以城市文明的扩散来加快城市文明普及率的提高。农村城市化是城市化在尚未实现阶段所经历的一个主要过程，而城镇化只是农村城市化的一种途径选择。城乡一体化是城市化的最高阶段。显然，周加来将城镇化视为一个狭义的概念，仅仅是指农村向小城镇的过渡，是农村实现城市化的一个途径。

简新华、黄锟（2010）从"Urbanization"入手，分析认为"Urban"包含有"城市"（City）和"镇"（Town）两层含义，只是因为世界上许多国家镇的人口规模比较小，有的甚至没有镇的建制，因此"Urbanization"往往仅指人口向 City 的转移和集中的过程，故称"城市化"。而中国设有镇的建制，并且不少城镇人口规模与国外的小城市相当，人口不仅向"City"集聚，而且向"Town"转移，因此他们认为这也可以看成是中国特色城镇化的一个特点。

双传学、刘林元（2002）指出，农村城市化是一个似是而非的口号，不符合当代中国的国情，容易导致人们片面理解农村发展规律，轻视农村工作，加重人才外流趋势，带来新的农村和城市问题。还有一些学者与双传学和刘林元持同样的观点。研读分析这些学者的文章，可见他们实质上是担心一味强调城镇化或城市化，会忽视农村发展，不利于国家整体经济增长，并不是对这个词汇本身界定范围有异议。而学者们的担心也引起了政府的重视，2012 年以来国家提出的新型城镇化战略恰恰强调的就是城乡协调、统筹和一体化发展。

（2）关于新型城镇化"新意"的探讨。关于新型城镇化，2012年中央首次正式提及，不过，从学术界发表的学术文章来看，最早使用"新型城镇化"这个词汇的是谢志强①，2003年7月他在《社会科学报》上发表了一篇题为《新型城镇化：中国城市化道路的新选择》的文章，在文中他提出新型城镇化道路应该包括规划起点高、途径多元化、聚集效益佳、辐射能力强、个性特征明、人本气氛浓、城镇联动紧、城乡互补好八个特点。2005年，胡际权在其博士论文中针对原有城镇化进程中出现的诸多问题，详细阐述了新型城镇化的理念，指出新型城镇化发展的核心在于"协调"，并指出这种协调具体体现在城镇规模、城镇布局、城镇功能、城镇产业、城镇环境、城镇社会以及区域发展七个方面。此后陆续有学者开始使用新型城镇化的概念对我国城镇化发展展开研究，绝大部分学者对"新型"的理解都比较统一，认为新型包括：发展观念新，要有科学的、可持续的发展观；强调城乡统筹、城乡发展一体化（杨继瑞，2006；仇保兴，2010；胡必亮，2013，2014）；强调应更关注城镇化质量的优化。除此之外，吴江等（2009）还提出了新型城镇化的动力是城市服务业的发展和新型产业创新及信息化，是一种以自下而上的方式为主的城镇化②。仇保兴（2010，2013）多次在文章中强调新型城镇化是由少数人先富的城镇化转变为整个城市和乡村的居民共同富裕的城镇化。仇保兴（2013）、沈清基（2013）提出新型城镇化要善待生态环境，应该与生态文明同步。单卓然、黄亚平（2013）则将新型城镇化的核心概括为民生内涵、可持续发展内涵和质量内涵三个维度，并将这三个维度具体化为平等、幸福、转型、绿色、健康和集约六个方面。

（3）人口城镇化是新型城镇化的核心和载体。人口城镇化是新型城镇化发展的核心（张立，2015；尹鹏等，2016），是指农业人口向城市的转移。在我国，居民委员会被视为城市最基层的政府组织，属于居民委员会管辖范畴的就是城镇人口，而对应的属于村民委员会管辖范畴的就是农村

---

① 从知网上搜索"新型城镇化"为关键词和篇名的文章获得此资料。
② 辜胜阻、李正友（1998）认为，自上而下的城镇化是一种政府包办型的强制性制度变迁，自下而上的城镇化是一种民间主导型的诱致性制度变迁，只有变迁的预期收益大于预期成本时，民间相关群体才推进这种制度变迁。

人口，人口城镇化率就是用居民委员会管辖的常住人口除以该区域总人口（薛德升、曾献君，2016）。不过，这仅是数量上的人口城镇化率，人口城镇化的质量还要通过城乡居民收入差距、城乡居民恩格尔系数等反映人口的生活质量的指标（叶裕民，2001）和进城农民工就业中安全需求及尊重需求的满足程度等反映就业质量的指标（杨艳琳、翟超颖，2016）共同考察人口城镇化的质量。

与此同时，在诸多关于人口城镇化的研究中，学者们越来越重视农民意愿对城镇化的影响。刘后平等（2015）基于对四川眉山农村居民的调查，发现有49.7%的村民更愿意到新农村综合体居住，只有32.38%的人口愿意到县城或者镇上居住，而无论是在校大学生还是进城务工的农民工，大多都不愿意把户口迁移到城镇，甚至还出现了逆城镇化倾向。许多学者调研分析的数据与刘后平等的研究结论基本一致（陆益龙，2014；聂伟、王小璐，2014；唐宗力，2015；罗其友等，2015）。在新型城镇化进程中，农民出现这种似乎"有悖常情"的意愿有各种各样的原因：城市生活成本高、保障低（刘后平等，2015）；土地对于农民具有极强的禀赋效应（钟文晶、罗必良，2013），被视为大部分农民获取收益和维持生存的基石（陈锡文、韩俊，2002）；土地给予农民安全感，即使是已经"被城镇化"的无地农民也很渴求土地，不愿意获得城镇户籍（黄燕等，2014）；对进城后生活方式的担心，比如邻里关系淡漠和来自城市居民的歧视等（古小波，2015）；城镇就业难度大（李凤琴等，2016），买不起房（李勇、杨卫忠，2013；孟星，2016）；城市治安不好、污染严重（尹红敏、班永飞，2012）；等等。另外，不同情况下的农民，其城镇化意愿也不一样，比如城镇化意愿与收入水平的关联并不规律或者说关联不大（罗其友等，2015）；文化程度或者受教育程度越高（陈轶等，2013）、个人人力资本丰富（聂伟、王小璐，2014）和已经进城务工的农民工城镇化意愿更强，正在务农的以及私营企业主的城镇化意愿较弱（陈蕾等，2016）；需要照顾老人的青壮年农民城镇化意愿相对弱于不需要照顾老人的青壮年（严瑞河，2015）；如果迁往城镇，大部分农户倾向于迁往小城镇，妇女以及家庭土地较少的农户更倾向于迁往大城市，农民们对大中小城市的选择意愿呈现出哑铃状分布（李琬、孙斌栋，2015）。

1.2.2.2 人口城镇化与经济发展的关系

国内学者大多都采用计量方法，主要选取 GDP 或人均 GDP 和城镇化率作为重要变量，研究城镇化与经济增长的关系。和国外的研究结论基本一致，大多数学者都认为城镇化与经济增长高度相关，互相促进（周一星，1982；成德宁，2004；朱孔来，2011）；还有一些学者认为经济增长是城镇化的推动力（孙祁祥，2013），但反过来，城镇化对经济增长的作用不大（李金昌、程开明，2006）。周一星（2006）认为我国城镇化率与经济增长应该保持协调，对我国而言，将城镇化目标设定在年均增长 0.6%~0.8% 是恰当的，这意味着我国人均 GDP 将要以年均增长 6.4%~8.6% 的速度发展。现实国民经济中人均 GDP 的这一增速是可以实现的，这个经济增长速度又能支撑城镇化年均推进目标。不过，黄祖辉等（2013）从城镇化、工业化与农业现代化"三化"协调发展的角度指出，人口城镇化是第三产业发展的主要载体，城镇化的发展能推动一个国家和地区产业结构与就业结构的不断协调和演进。

党的十八大后，国家将新型城镇化视为拉动内需的一个重要动力，在研究人口城镇化与经济发展的关系时，学者们更多地将消费和需求引入计量模型，从消费的角度探讨人口城镇化与经济发展的关系。刘厚莲（2013）从人口城镇化带来的收入效应、人口结构效应、城乡联动效应三个角度设计了一个人口城镇化与消费的模型，实证研究得到：人口城镇化会促进居民消费，但呈现出持续递减的促进趋势。程莉、滕祥和（2016）则认为，人口城镇化的质量通过消费作为传导中介促进了经济增长，而我国长期粗放的外延式人口城镇化方式扭曲了人口城镇化与经济增长的相互促进作用。

1.2.2.3 人口城镇化与金融发展、微型金融的关系

（1）人口城镇化与金融发展。人口城镇化不能缺少金融的支持。关于金融发展与城镇化的关系，学术界大多都进行了实证研究，不过研究结论却存在着较大的分歧，大致有如下四种观点：

第一种观点认为城镇化与金融发展之间存在相互的正相关关系（蒙荫莉，2003；邓德胜等，2008；贾洪文、胡殿萍，2013；张子宸、李宾，2014；杨慧、倪鹏飞，2015）。这些学者的理由主要是：金融发展通过促进储蓄转化为投资、提高资本配置效率，同时降低了交易成本、利于分散

风险,促进了生产要素向城镇的聚集,从而促进城镇化的发展。而城镇化水平的提高又可以通过生产要素的不断集聚,使市场规模得以扩大,从需求和供给两个方面促进金融市场的发展。

第二种观点认为城镇化会单方向地促进金融发展(梁彭勇等,2008)。学者利用我国东中西部30个省份1986~2005年共20年的面板数据分析后得到结论,东中西部共同点是金融发展都没有促进城镇化发展,但是东中部的城镇化却促进了当地的金融发展,只有西部的城镇化没有起到促进金融发展的作用。城镇化对金融发展的单向促进原因是东中部城镇化发展带来的规模和集聚效应,增加了城市中的资金需求,所以促进了金融部门的稳定发展。

第三种观点认为金融发展会单方向地促进城镇化(张宗益、许丽英,2006;牛启春、刘翔,2008;王常雄等,2009;谷小青、王定祥,2011;孙长青,2012;孙永强,2012;李清政、刘绪祚,2015)。造成这种单向作用关系的主要原因,这些学者普遍认为是我国在改革开放以后形成了比较健全和完善的金融组织体系,为城镇化的各个领域都提供了资金融通渠道,推动了城镇化进程。但是,我国城乡二元经济的存在,限制了生产要素和劳动力自由流动,阻碍了城镇化的快速发展,使其滞后于工业化发展水平,进而也影响到第三产业金融业的发展。

第四种观点认为金融发展对城镇化作用不明显,或者对城镇化不同维度的作用不同。刘丽秋等(2012)通过实证分析研究发现,金融发展规模、结构和效率并没有从整体上协调推动我国的城市化、工业化和农业现代化进程。武洪玲(2012)从信贷市场和股票市场两方面选取反映我国金融发展的相关指标,回归分析结果表明:经济增长对城市化有促进作用,而金融发展对城市化的作用尚未有效显现。李树生等(2015)将农村金融发展具体分为了金融规模、金融结构和金融效率三个指标,研究结论为金融规模对城镇化的作用不明显,金融结构与金融效率对加速农村城镇化进程有着显著的促进作用。熊湘辉、徐璋勇(2015)也指出,金融机构为城镇化提供的贷款利用效率不高,农村金融存在着将农村存款变为城市贷款的反流问题,同时,非金融机构对城镇化贡献不大,城镇化所需资金主要来源于财政拨款、政策性银行贷款和大型商业银行。这些学者得到这一结论的原因,主要是认为在金融发展过程中,存在金融部门储蓄—投资转化率不足、金融部门对城市化的贡献仅仅停留在提高了资本积累上、资金利用效率低下、结构失调等金融市场不完善的情况；同时，国民经济各产业之间的发展不均衡，有"各自为战"的倾向。这两个原因导致金融发展与城镇化彼此之间没有相互促进，金融发展对城镇化基本没有作用。

（2）人口城镇化与微型金融。微型金融作为农村金融体系中很重要的一环，学者们专门针对微型金融与人口城镇化关系的研究尚不多见。在前面人口城镇化与金融发展关系的研究中，绝大部分学者并未提及微型金融，大部分学者使用的都是金融发展这个概念，少数学者使用了农村金融的概念，但也没有单独提及微型金融。从知网搜索的资料看，针对微型金融与人口城镇化的研究整体文章数量少，或被包含于农村城镇化的金融支持之类的研究中。

方少勇（2005）以温州为例，认为一方面由于垄断和官僚化导致正规金融对城镇化的支持力度不足、效率不高，另一方面民间金融的风险较大，因此他提出，由于政府介入干预金融市场的失灵，设立小区域金融机构，比如专门推进小城镇城市化金融合作的小城镇政策性银行，并以小城镇政府财政为基础，设立信用担保机构，对城镇企业和居民提供与公共权力挂钩的信用担保服务。陆磊（2007）、肖光庆（2008）都认为随着城镇化发展，农户对金融需求数量、资金用途等都会变大变广，小额贷款会减少并且小额贷款模式会从依附于劳动力收入转为依附于土地和资本的抵押贷款模式。张志峰（2011）发现在县域经济城镇化发展中，金融深化水平与县域城镇化水平存在明显的负相关，其主要原因是金融资产更多集中于县城或城镇区域，农村地区存在较明显的金融抑制现象。而金融业发展水平的不足抑制了企业创造就业的能力和城市基础设施建设进度，进而减缓了城镇化步伐。刘毅（2013）认为，微型金融具有自下而上的资金融通特点，对推进城镇化可以发挥生富于民、藏富于民的可持续的促进作用，是人口城镇化的重要推动力之一。丁汝俊、段亚威（2014）提出，在城镇化过程中，二元金融结构愈演愈烈，城乡金融资产差距越拉越大，微型金融可以发挥自身灵活的优势，根据地域特色和当地需求开展业务，培育长期稳定的属于自己地域的客户，填补农村金融"真空域"，并对金融业垄断格局形成冲击；同时，微型金融可以有效地推动实体经济发展，创造更多就业机会。

1.2.2.4 微型金融相关研究

关于微型金融的界定和构成。我国学者早年间关于微型金融的研究基本集中于小额信贷，随着经济的发展，微型金融的业务范围也在拓展，目前对于微型金融的界定，学者们的观点是比较一致的，基本都认为微型金融就是向低收入群体提供的贷款、储蓄、保险、转账等一系列金融服务的统称，其核心是小额信贷（张润林，2009）。不过也有学者认为微型金融是为那些被正规金融体系排除在外的人提供的金融服务（焦瑾璞、杨骏，2006），并不是贫困人口的专利，有些微型金融的需求方并不贫困，但由于其缺乏正规金融机构所需要的担保、繁杂的信息资料或者贷款项目风险太大而被拒绝（贾艳辉，2009），这些人同样也需要得到微型金融服务。杜晓山（2013）认为小额信贷就是微型金融，小额贷款才是微型金融中专门的贷款业务；同时他认为微型金融的服务对象包括中等和贫困两类人群，从我国情况考察，微型金融单笔额度不应超过人均 GDP 的 5 倍。赵东青、王康康（2009）认为民间高利贷可以被视为微型金融的起源。曲小刚（2013）提出，正规的金融机构可以开展微型金融业务，有助于其实现服务"三农"、改善农户福利的政策性和财务可持续的商业性双重目标。中国农业银行新疆分行课题组卢国林等（2013）也同样认为，随着新型城镇化的发展，未来商业银行的经营重点应该向微型金融发展，即微型金融不只是由小额信贷公司等非正规金融机构提供，一些商业银行等正规金融机构也会开展微型金融服务。

关于微型金融的扶贫、可持续发展目标及使命漂移。微型金融从诞生伊始，就肩负双重目标——扶贫的社会目标和可持续发展的财务目标，追求社会目标属于公益性的福利主义，追求可持续发展属于商业性的制度主义。不过，杜晓山（2013）对此提出了不同的观点，他认为福利主义是纯公益性，不追求可持续发展，是一种"输血式"金融机构，属于传统理念；而制度主义既包括公益性的制度主义，即以服务穷人作为目标，也包括商业性的制度主义，即服务于更宽泛的客户群体，还包括企业，没有扶贫目标，以追求利润最大化为目标。制度主义是一种"造血式"金融机构，是国际微型金融发展的主流。他进一步指出，纯公益性的福利主义和公益性的制度主义都属于公益性微型金融机构，只不过前者依靠补贴，后者则自负盈亏并追求可持续性。徐淑芳、彭馨漫（2013）认为微型金融应该兼顾双重目标，但对全球10个国家、27家微型金融机构2001~2010年的数据进行实证研究后，他们认为追求高的经营上的可持续性，会弱化微型金融扶贫的社会目标，发生使命偏移。熊芳（2013）对国内395家微型金融机构数据进行分析，认为从整体上看微型金融机构大多都能够坚持扶贫功能，并未发生大规模的使命漂移。胡金焱、梁巧惠（2015）以山东省小额贷款公司为样本，进一步将扶贫和可持续发展两大目标细化为资产收益型、资本安全性和社会服务性三个目标，研究认为这三个目标可以实现统一，不需要牺牲某一个目标才能实现其他目标，但是，他们不否认现实中存在着三个目标出现冲突的潜在可能性。不过，大部分学者还是认可微型金融两大使命之间存在矛盾这个现实，并进一步指出微型金融机构只有追求财务的可持续性，才有能力扩大业务范围，从而实现社会扶贫和可持续发展的双重目标，因此，商业化是微型金融未来发展的大趋势（赵东青、王康康，2009；王维，2010）。

1.2.3 国内外研究简要评述

从国内外研究的成果和现状看，主要有以下特点：①对城镇化问题和微型金融问题的研究都很多，但大多都是相对独立地去研究这两个问题中的某一个问题，把微型金融的发展置于人口城镇化背景下的研究很少。②对推动人口城镇化的动能、人口城镇化对经济增长的贡献或者说人口城镇化带来的各种影响、如何实现人口城镇化等研究较多，而关于农民意愿和精神层面的软性指标对人口城镇化进程和人口城镇化质量的影响研究刚刚起步。③对城镇化的金融支持进行研究的较多，但细化到单纯研究微型金融对人口城镇化支持的很少。特别是新型城镇化战略强调的是协调、统筹、一体化三个特点共存，但现有的对于促进城镇化发展的金融支持研究较少将三个共存的特点作为统一体进行全面研究，大多都只将微型金融作为农村金融体系的一部分，单纯研究其在农村的扶贫问题。④关于微型金融是否可以更好地实现社会扶贫和可持续发展两个目标以及随之而来的使命漂移问题，大部分学者使用的是计量经济学的实证方法进行研究，使用其他方法研究的较少。

1.3 相关概念和研究范围的界定

如前所述,关于城镇化、新型城镇化、人口城镇化、微型金融,学者们研究的角度繁多,内容庞杂,对其概念及范围的理解也多种多样,为此,为了使本书的研究范围、研究内容更清晰明确,在此对研究中使用的相关概念和研究范围做出界定。

第一,人口城镇化就是农业人口向城市和城镇的转移,具体包括三个层次:人口向大中城市的转移、人口向小城市(县级)的转移、人口向城镇的转移。

第二,人口城镇化是在新型城镇化这一大的战略下进行的,因此在实现人口城镇化的进程中,要充分考虑新型城镇化战略的目标和特点。本书认为新型城镇化区别于原有城镇化的新意在于两个角度:一个角度是以人为核心,并将人口城镇化质量放在首位,人口城镇化数量和土地城镇化这两个表象要伴随着人口城镇化质量的提升而发展变化;另一个角度就是强调协调、统筹、一体化。其中一体化是新型城镇化的终极目标,城乡一体化并不是要把农村变成城市,更不是追求城乡一样化(仇保兴,2012),而是指生产要素在城乡间自由流动,城乡经济、社会、文化相互渗透、相互融合,成为相互促进、相互依存的统一体(洪银兴、陈雯,2003),其实质是城乡市场经济发展的一体化(白永秀、王颂吉,2013)。当城乡实现一体化发展时,我国城乡二元化经济结构就真正变为了一元化,从经济发展角度看,正式进入完全和谐的经济社会发展阶段。协调则是指城镇化进程中大中小城市、小城镇和农村社区的协调发展,不能顾此失彼,是实现城乡一体化的一条路径。统筹是指城乡统筹发展,即将城市和农村的发展作为一个整体,通盘考虑、统一规划,不以牺牲任何一方的利益换取另一方的发展,促成城乡发展协同互补、互利共生,城乡互动、共同发展(黎苑楚等,2010;高海燕,2011;仇保兴,2013),这也是实现城乡一体化的一条路径。换句话说,可以把新型城镇化具体描述为:以城乡一体化为目标,以城镇化和城乡统筹发展为路径的一个经济社会发展过程。本书对人口城镇化的研究将在追求城乡一体化的目标下,在城镇化协调发展和城乡统筹这两条并行的路径上一并展开,既要考虑农民转为市民的问题,也要兼顾城市低收入群体和农村非转移人口的脱贫问题，追求人口城镇化的质量。

第三，关于微型金融和微型金融体系，本书采纳绝大部分学者的观点，认为微型金融是在小额信贷基础上发展起来的面向所有低收入阶层和小微企业提供的包含存款、贷款、储蓄、转账、汇兑、保险、信托等一系列业务构成的金融服务，其兼具扶贫和可持续发展双重目标。为了更好地解释微型金融及其业务范围，在此有必要澄清一下小额信贷、微型金融和普惠金融三个概念的区别。小额信贷一般是指向低收入群体和小微企业提供的持续性的信用放款，本书将小额信贷和小额贷款视为同一个词语。微型金融是在小额信贷基础上发展起来的，服务对象依然是低收入群体和小微企业，但服务种类已经拓展到单纯的信贷之外的储蓄、转账、汇兑、保险、信托等一系列金融服务。也就是说，对比小额信贷和微型金融，二者服务对象一致，但就服务领域而言，前者包含于后者之中，并成为后者的核心业务。因此，本书在论述过程中，一些案例大多都以小额信贷的数据为例展开研究。普惠金融则是一种金融体系，是能够全方位、高效地为社会所有阶层和群体提供服务的金融体系（见图1-1）。普惠金融是指"立足机会平等要求和商业可持续原则，以可负担的成本为有金融服务需求的社会各阶层和群体提供适当、有效的金融服务[①]"。普惠金融体系是世界银行扶贫协商小组（CGAP）积极倡导的，其将社会所有人群按照收入状况分为富裕者、一般收入者、边缘贫困者、中度贫困者、极度贫困者和赤贫六大类，而目前各国的微型金融覆盖面基本是边缘贫困者、中度贫困者和极度贫困者三类，赤贫依然得不到金融服务。当然，还有一些非贫困者及非小微企业，因为前述的担保、项目风险高等也很难从正规金融机构获得金融服务，比如非大型的科技企业、文化产业企业，由于对科技产品和文化产品估价较难、信用评级困难等，其很难被纳入正规金融体系。普惠金融体系就是希望给所有人平等地获得金融服务的机会，也被称为包容性金融体系。与微型金融相比较，显然普惠金融体系服务的对象得到了进一步的拓展，不仅包括微型金融的服务对象，还会包括

---

① 资料来源：《国务院关于印发推进普惠金融发展规划（2016—2020年）的通知》，国发〔2015〕74号。

一些非低收入人群和企业的服务，并且按照其初衷，更要覆盖赤贫人群。本书的研究目的之一就是希望为穷人提供更有效的金融服务，因此会在开发微型金融的扶贫功能时，尽可能延伸到赤贫，但本书的核心依然着眼于面向低收入人群和小微企业的金融服务。并且，本书中的微型金融指服务，并不单独指向某一类或某几类金融机构。同时，为了使研究目标更为集中，本书在研究微型金融体系时，主要是从信贷资金业务的角度分不同供给主体展开，虽然保险、信托共同构成完整的金融体系，但本书侧重于微型金融信贷体系的建设研究，不将其他非银行类业务作为本书的研究对象。

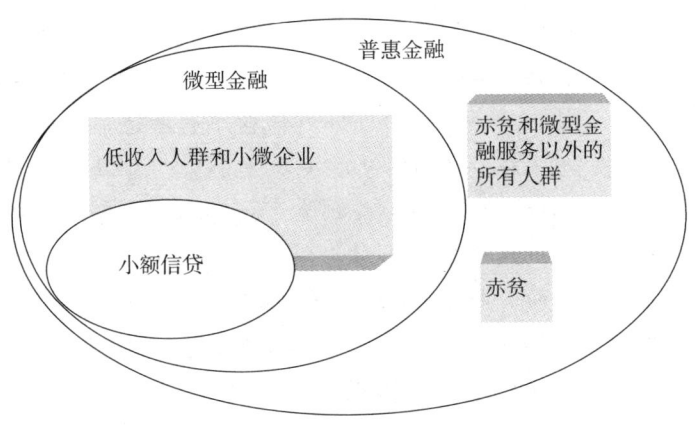

图1-1　普惠制金融体系

1.4　研究框架和研究方法

1.4.1　研究框架

本书基于"人口城镇化与微型金融发展相互依存、相互促进"的假说展开，进而对微型金融目前发展中存在的问题进行分析，最后推演出政策建议，具体研究框架和内容见图1-2。

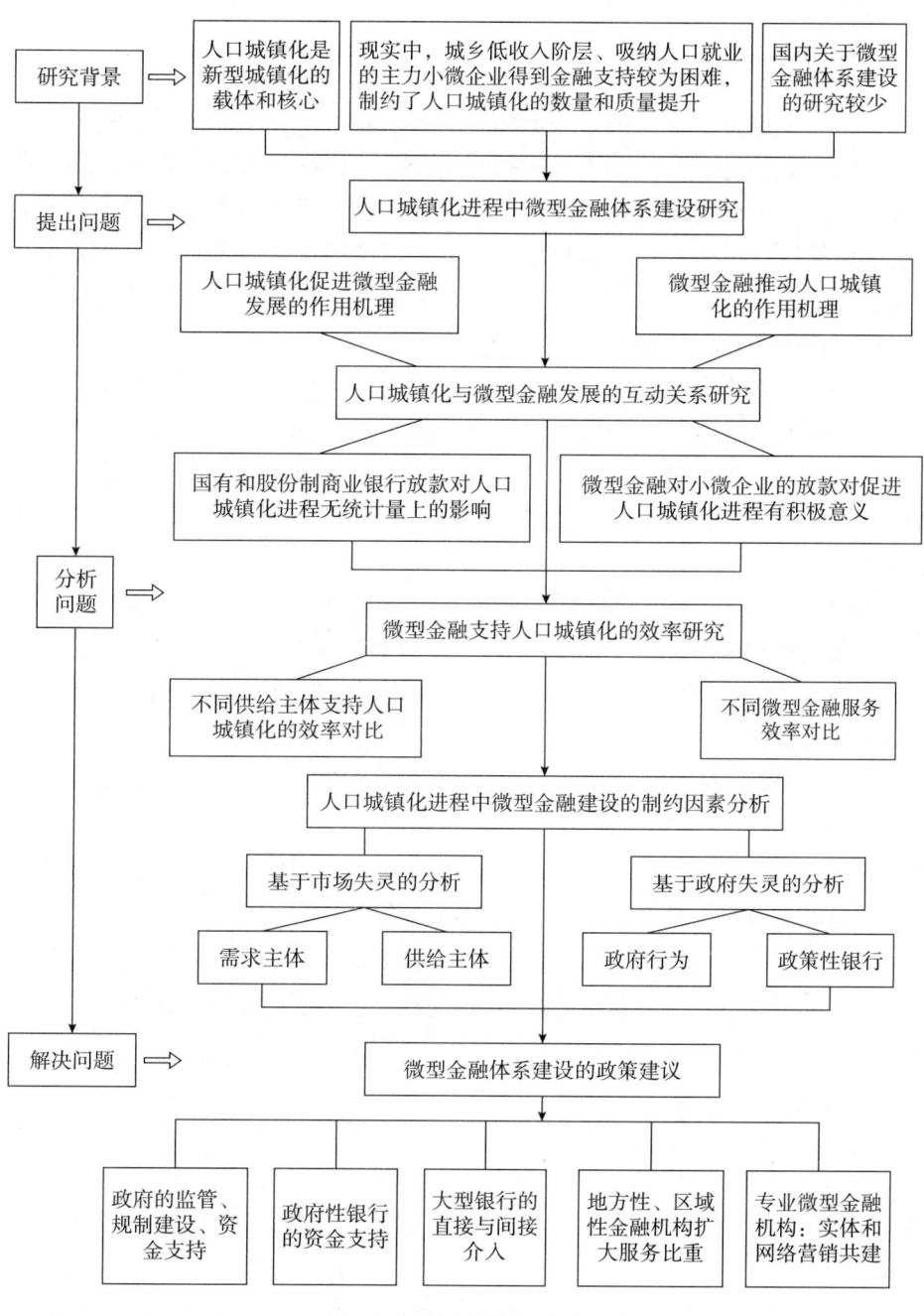

图 1-2　研究框架与内容

1.4.2 研究方法

(1) 文献研究法。通过查阅中外文献，获得相关理论及研究现状。

(2) 调查法。到中国人民银行济南分行、山东省金融工作办公室及聊城农村商业银行进行实地调查，并电话咨询了中国银行业监督管理委员会山东监管局、工商银行吉林分行信贷部、建设银行济南分行信贷部和农业银行烟台分行等，获取各类金融数据和资金供求状态的资料以及基层信贷人员对扶贫贷款的态度及具体行为。

(3) 系统分析法。在研究中，一是将城乡经济发展、城市和农村内部各自经济发展视为整个经济体中不可分割的组成部分，始终围绕协调、统筹、一体化的观念进行研究。二是将人口城镇化与微型金融发展视为一国经济发展整体中相互依存、相互促进的两个方面，系统探讨其内在的关联性。

(4) 计量模型分析法。利用EViews8.0软件，采用时间序列和面板数据对城镇化与经济发展、金融发展、微型金融发展的关系进行实证研究。并利用DEAP2.1软件，采用DEA模型法对不同微型金融供给主体的供给效率进行分析。

(5) 博弈模型分析法。运用混合策略博弈模型对微型金融使命漂移问题进行分析。

(6) 经验总结法。分析对比了国外微型金融发展的经验和教训，并对其进行归纳分析，为我国微型金融发展提供借鉴。

1.5 创新点与需要进一步研究的问题

1.5.1 创新点

(1) 将微型金融体系建设置身于人口城镇化背景下展开。

(2) 提出经济增速及对增速的预期也会影响农民从农村向城市转移的欲望和行为。

(3) 对金融扶贫问题，提出改变目前委派大型金融机构完成的办法，并具体提出采用招标制，激励微型金融机构参与的可操作的方法。

1.5.2 需要进一步研究的问题

（1）实证研究得到经济增速以及对经济增速增长的预期会影响农民是否选择进城打工，从而影响城镇化速度。这种情况说明农民城镇化意愿对城镇化进程将会有一定的影响，可能既会影响城镇化速度，也会影响城镇化的成本以及实施城镇化的具体策略。本书侧重于对实际发生行为的分析，虽然也涉及"被城镇化"问题，但没有围绕"意愿"展开研究，下一步将在实地调研和调查问卷的基础上，运用计量模型对农民的城镇化意愿及其影响进行研究。

（2）互联网金融蓬勃兴起，成为微型金融市场的一个新兴力量，并且有快速扩张的态势。但基于目前管理方不明确、数据收集困难，故对其具体运作情况并没有进行深入细致研究，可以作为未来研究的突破点。

（3）因为金融机构越来越多样化，金融机构开展混业经营的趋势也越来越明显，所以中国人民银行在 2016 年正式运行宏观审慎评估体系（Macro Prudential Assessment，MPA），准备逐步取代原有的差别准备金动态调整、合意贷款管理机制以及对贷款质量进行监控的五级分类法。不过，因为这一体系刚刚推出，具体操作及其效果都没有资料。面对目前微型金融监管中存在的多头监管、多种标准的问题，MPA 是否能将微型金融的安全发展纳入监管、未来应该建立怎样的一套动态监控体系，这个微型金融监管问题可以作为未来一个重要的研究方向。

（4）本书主要是在对山东省微型金融发展进行实地调研后，利用山东省的数据做微型金融体系建设的实证研究，在此基础上对需求、供给和政府主体行为存在的各种问题进行分析，并提出了相关体系建设的建议。由于山东省总体经济发展水平居全国诸多省份前列，山东省漫长的海岸线也使得其海洋经济较为发达，同时又有以寿光为代表的全国性蔬菜基地，农民收入水平比较高、农村经济落后地区相对较少，所以，山东省的情况可能并不能很好地代表全国微型金融发展的总体态势，在这种样本基础上得到的实证结果可能不具有完全的普遍性，因此一些研究结论也必然带有一定的局限性。在未来研究微型金融体系建设时，一是进一步对山东省微型金融体系建设进行研究，加大调研深度、拓展取样的时间跨度,弥补此次研究中由于各类金融机构监管方不同,因数据衔接困难而使得取样数据时间跨度较短的遗憾。二是考虑放宽样本区间,以全国或分区域分层次进行研究,使得研究结果更具有普遍意义,具有更大范围的应用价值。

2

人口城镇化进程中微型金融体系建设研究的理论基础

本章将对国内外已有的相关经济理论进行梳理,以期为后续研究在人口城镇化背景下微型金融体系建设提供理论帮助。

2.1 人口城镇化的相关理论

2.1.1 人口迁移理论

人口城镇化是新型城镇化的核心,围绕着人口从农村到城镇的转移,不同的学者提出了不同的人口迁移理论。

2.1.1.1 刘易斯二元经济结构理论——经济中存在的二元结构是城镇化的原始驱动力

美国经济学家刘易斯(W. Arthur Lewis)率先提出二元经济结构理论。他认为,广大的发展中国家经济是由以传统的农业部门为代表的传统部门和以现代工业部门为代表的现代部门构成的。农业部门技术进步停滞、劳动生产力低下,从而导致农业部门存在着大量的劳动的边际收益为零,或者虽然劳动的边际收益大于零但却小于最低生存费用的不充分就业的剩余劳动力。这些剩余劳动力的存在使得劳动供给曲线成为弹性无穷大的水平形状,即劳动供给无限,这也是刘易斯二元经济结构理论的前提假设。与农业部门对应的工业部门则是按照新古典经济学的利润最大化原则组织生产,生产过程中短期遵循着边际收益递减规律,即随着劳动投入量的增加,其边际收益递减。在完全竞争的假设下,工业部门对劳动的需求量取决于劳动的边际收益即劳动的边际产品价值（Value of Marginal Product，VMP）与劳动的边际成本即劳动这种要素的价格相等时确定的数量。只要工业部门的工资水平超过农业部门的收入水平，就会吸引着农村劳动力源源不断地流向城市。这个农村人口向城市的转移过程会一直持续到农业部门的剩余劳动力全部转为工业部门的劳动力为止。此时，经济中出现刘易斯拐点，二元经济结构消失。达到刘易斯拐点后，无论是农业还是工业的劳动要素，与资本一样，都成为相对的稀缺资源，供给都是缺乏弹性的。所有部门对劳动的需求增加时都必须提高劳动的工资，此时农业部门也必须按照劳动的边际收益支付劳动报酬，整个经济社会进入快速而平衡发展阶段。

由上述理论可见，当工业部门的工资水平超过农业部门的收入水平时，吸引着农业人口不断向城市转移，这就是城镇化的过程。而当刘易斯拐点出现时，城镇化已经实现，开始进入真正的城乡一体化发展阶段。

2.1.1.2 舒尔茨人力资本理论——人力资本投资可以促进并加速城镇化进程

举世公认的人力资本理论的构建者美国经济学家舒尔茨（Theodore W. Schultz）在1960年明确提出：人力资本是促进经济增长的主要原因。舒尔茨认为，在促进经济发展的各种因素中，人是最关键的，人力资本对经济增长的贡献"不仅比物质资本、劳动力数量的增加重要，而且比规模扩大所形成的收益和资本品质量的改进重要"。一个国家无论贫富，都可以通过教育投资、医疗和保健投资、个人和家庭适应就业变化所进行的迁移活动的投资这三项人力资本投资提高国家的人力资本数量和质量，促进经济增长。

舒尔茨对人力资本贡献的分析，可以为我们研究城镇化进程中农村人口向城市的迁移提供理论支撑。城镇化最核心的就是人的城镇化，是人的生活环境、生产环境的改善和精神层次的提高，是人的生产力水平的提高及拥有的物质财富的增长，在客观自然资源越来越成为各国经济增长瓶颈的21世纪，显然通过合理的人力资本投资，可以促进、完善并加快城镇化的进程。

2.1.1.3 托达罗城乡人口迁移理论——预期收益是农村人口向城镇转移的核心因素

美国经济学家托达罗（Michael P. Todaro）在刘易斯的二元经济结构理论基础上提出了城乡人口迁移理论。托达罗城乡人口迁移理论的前提假设是：农业部门工资不变；城市工业部门的工资水平受到工会和政府最低工资政策影响，高于劳动市场出清时的均衡水平；只有城市居民才能在城市的现代工业部门申请工作；城市存在着一个非正式部门，专门用于接纳无法在城市现代工业部门就业的城市居民，即类似于中国改革开放以后出现的自谋职业者（个体户）。在这些假设前提下，托达罗指出，影响着城乡劳动力迁移的核心因素是预期收入最大化。只要城乡间就业的劳动力存在着实际工资差异，农业部门实际工资低于城市工业部门的实际工资，就会吸引农业劳动力向城市、向工业部门转移。并且，只要城市新增一个就业机会，就会有两三个农村人进入城市竞争这一名额。同时，虽然城市也存在失业，但依然会有农民迁移进城，主要取决于这些农民在城市找到工作的概率。特别是20岁左右的进城务工农民，他们对未来的预期收入超过他们在农村就业的预期收入，那么即使进城后短期处于失业状态，也依然会继续从农村到城市的迁移。

这一理论提示我们，只要城乡间实际工资收入水平有差异，城市的失业就不可避免，差异越大，失业率越高。因此只提高城市就业率、增加城市就业岗位无法缓解城市失业的压力，发展农村经济才是解决城市失业问题的根本出路（叶静怡，2007）。

2.1.1.4 对上述理论的评述

在刘易斯的二元经济结构理论中，显然人口从农村向城市的转移动力完全来源于城市工业经济的发展。只要工业部门能够创造出足够多的就业机会，就会有农村人口的转移行为存在。而工业发展的源泉是资本积累，资本积累的源泉又是储蓄，所以，刘易斯的理论实际上就是认为工业部门或者说现代部门发展的唯一约束是储蓄。他把农业劳动供给视为无穷大，即只看到了农业部门的失业问题，却没有看到城市也存在着失业问题。

托达罗认识到城市也存在失业，并进一步通过分析发现了预期收益才是吸引农业人口长期转移至城市的动因，当然也因此在短期加剧了城市的失业，但这种失业率的上升会减缓城乡移民。这个理论告诉我们，城乡收益差异导致的移民,并不会因为农村没有剩余劳动力或者农业劳动力不是无限供给就不会出现。这个观点与刘易斯的理论是完全不同的。由于只要预期城市收益大于在农村的预期收益,就会有人口从农村向城市迁移,这也导致城市工业部门的扩张并不会减少失业,反而会吸引越来越多的农民进城寻求发展。只有发展农村经济,使农村与城市的预期收益相等,才会停止农村人口流入城市,也才能从根本上解决城市工业部门的失业问题。这也提醒中国政府,在城镇化过程中,既要创造机会提升城市发展水平,也要注意避免出现大规模城镇化所带来的短期城市失业人口大幅度增加的问题,要注重城乡统筹、一体化发展。

舒尔茨的人力资本理论为经济的持续增长提供了最核心的要素,使得我们不得不反思,随着资本边际收益递减,伴随着城市的各项投资不断增加,其经济增长速度肯定会渐趋减缓,如何不断提升城市的生命力,吸引农民加入城市生活?很显然,加大人力资本投资是一个很关键的因素,当生产函数中引入包含知识的人力资本时,无疑会颠覆资本边际收益递减理论。

2.1.2 城镇化发展动力理论

2.1.2.1 配第—克拉克定律

英国经济学家配第(William Petty)最早提出了关于产业结构的思想。他发现,因为"工业的收益比农业多得多,而商业的收益又比工业多得多",所以这种收益的差异推动了劳动力从收入低的产业向收入高的产业流动。同时,这种流动使得产业间的收入差异进一步扩大,收入差异的扩大反过来使得劳动力流动速度更快了。英国经济学家克拉克(Colin Clark,1940)用20多个国家的横截面数据和时间序列数据实证分析了配第的研究结论,进而得到"配第—克拉克定律",即在国民经济第一、第二和第三产业之间,随着人均国民收入水平的提高,劳动力会经历从第一产业向第二产业和第三产业转移的趋势,最终出现第一产业劳动人口减少、产值下降,第二和第三产业劳动人数增加、产值增长的情况。

2.1.2.2 增长极理论

法国经济学家佩鲁(Francois Perrour, 1950)率先提出增长极的概念。他认为经济的发展动力来源于技术进步和创新,而技术进步和创新主要是由增长迅速、与其他产业部门有较强的前后关联关系的一组产业完成,他把这样的产业命名为推进型产业。佩鲁提出推进型产业就是经济增长极,它不是地理上的某个区域,而是一个抽象的经济空间。增长极对其他产业和地区的经济发展通过乘数效应起着巨大的推动作用。佩鲁的学生、同样是法国经济学家的布代维尔(Boudeville,1960)将增长极理论从产业空间转换并具体化为地理空间,他指出,经济增长并不会在所有区域同时出现,而是以不同强度出现在不同的增长极上,增长极的"极"总是出现在城镇或中心区域,这一极点会吸引资金、技术、人才等各种生产要素聚集于此,形成很强的生产能力,并能带动周边区域的经济发展(赵峥,2011)。后来,瑞典经济学家缪尔达尔(Gunnar Myrdal)和美国经济学家赫希曼(A. O. Hischman)又分别在不同程度上进一步丰富和发展了增长极理论。缪尔达尔研究认为,在经济发展的初期,空间经济发展的不平衡在市场机制下会愈演愈烈。因为经济增长极对其他地区的影响体现为扩散效应和回波效应。扩散效应是指生产要素由经济增长极向周边欠发达地区流动,从而带动其他地区或产业的共同发展。回波效应则指生产要素由周边不发达地区和落后产业向增长极流动。而经济在空间是否得到均衡发展,就取决于这两种效应力量的对比。一般而言,在经济发展的初期,回波效应会更大,扩散效应则会在经济发展后期得到增强,扩散效应的最终结果就是一体化(韩纪江、郭熙保,2014)。赫希曼则指出增长极和其他地区存在着极化效应和涓滴效应。极化效应与缪尔达尔提出的回波效应意义一样,会导致各类生产要素向增长极这一核心地区转移,从而剥夺了周围区域的发展机会,导致区域经济发展的不平衡性加剧。涓滴效应则与缪尔达尔的扩散效应一致,从长期看,会缩小区域经济差异。而在市场自发调节下,极化效应总是表现为大于涓滴效应。

2.1.2.3 弗里德曼的中心—边缘扩散理论

美国经济学家弗里德曼(John Friedman)提出的中心—边缘扩散理论实质上也可以认为是对增长极理论的发展。弗里德曼更明确地指出,城市在一国经济空间中处于中心位置,在资金、技术、劳动力、信息资源等方面均占据优势;农村在一国经济空间中处于边缘位置,农村的各类资源基于逐利的目的,会流向城市,从而导致农村经济逐步衰退。不过,随着城市发展速度加快、发展区域的扩张以及政府的干预,这种中心—边缘的空间经济结构会逐步改变，从长期看会趋于城乡空间经济一体化。

2.1.2.4 对上述理论的评述

增长极理论鲜明地指出经济增长核心具有对外扩散和辐射效应，可以通过乘数效应影响到周边或者上下游产业的发展。虽然后来瑞典的经济学家缪尔达尔和美国经济学家赫希曼提出了扩散效应（涓滴效应）和回波效应（极化效应），认为增长极对经济发展具有双重作用，但是，从城镇化角度看，当增长极的回波效应（极化效应）大于扩散效应（涓滴效应）时，恰恰是农业劳动力向城市更发达的产业转移的高速发展时期，这就是一个快速城镇化的过程。不过，从长期看，为了避免由于增长极的极化效应导致区域经济发展和产业发展的极度不平衡，为了实现新型城镇化所追求的协调、统筹、一体化目标，政府应该加以适度政策干预。换句话说，就是市场自发的力量会导致区域经济、城乡经济发展的不平衡加剧，需要政府介入。

弗里德曼的中心—边缘扩散理论则进一步指出一国经济发展必然会经历劳动力以及其他生产要素从农村到城市的迁移，而城乡一体化则会在国民经济发展到较高的水平时才能得以实现。

2.1.3 马克思主义的城镇化理论

2.1.3.1 马克思、恩格斯的城镇化理论[①]

19世纪40年代，马克思、恩格斯在《德意志意识形态》一书中，首次较为系统地分析了城市产生的历史过程（韩立新，2008），此后在《共产党宣言》《共产主义原理》《资本论》《哲学的贫困》和经济学手稿等经典著作中逐步、深入地阐述了他们关于城乡关系的思想，虽然他们没有用一部著作专门论述城镇化理论，但归纳总结他们的观点，可以构成相对完整的城镇化理论（李邦明，2012），对指导我国新型城镇化发展具有重大的理论价值。

（1）关于城镇化发展的动力理论。总结马克思、恩格斯观点可以看到，城镇化的初始动力是农业发展和社会分工的出现，根本动力是生产力

---

① 李邦铭（2012）认为，马克思、恩格斯关于城镇化的论述散见于各类著作，没有形成系统的理论，所以称为城镇化思想更为恰当。

的发展,加速动力是商品经济的发展。马克思、恩格斯(1894)认为,农业的发展为其他劳动得以独立存在和发展提供了基础和前提。当农业生产率提高后,有了农产品剩余,也就产生了物质劳动和精神劳动的分工,这种分工推动了城乡对立的产生,成为城镇化的初始动力。而无论是农业生产的发展、社会分工的出现,还是后来工业的飞速发展、商品经济的发展,其根本原因都在于生产力的发展。正是因为生产力水平的不断提高,才能使生产者生产出越来越多的超过自身消费所必需的产品,形成越来越多的产品剩余,有了剩余才有了分工和劳动力的转移。生产力水平越高,剩余产品越多,交换就越频繁,商品经济就越发达;而发达的商品经济又刺激了需求,进而带动工农业生产,加速了城镇化进程,"商业依赖于城市的发展,而城市的发展也要以商业为条件"[①]。

(2)关于城乡关系发展趋势理论。马克思、恩格斯(1846)辩证地考察了城乡关系的发展沿革,指出城乡关系具有"同一——分离—对立—融合"的发展趋势。在人类社会早期,浑然一体的城乡关系是城乡关系的起点,马克思重点考察了中世纪的欧洲,在封建生产方式下,占统治地位的是乡村庄园制经济关系,城市屈从于乡村,城市发展缓慢,整个社会是静止状态的浑然一体的未分化社会。伴随着农业生产力水平的提高,出现农产品剩余,人类社会发生城乡分离。"一个民族内部的分工,首先引起工商业劳动同农业劳动的分离,从而也引起城乡的分离和城乡利益的对立。"[②] 城乡分离一方面促进了城市经济的发展,并产生集聚效应,同时也带动了农村经济的发展。但是,马克思、恩格斯(1846)指出,城乡分离之后,也造成了农村的孤立化和城乡差别的扩大化,导致城乡对立并日益尖锐化。城乡对立,既制约了农业的可持续发展,同时由于大量人口集中涌入城市,带来了诸如环境污染、住房短缺、流行病蔓延等许多城市病,加之资产阶级不给工人提供基本的文化教育,也带来了工人阶级精神世界的畸形。马克思、恩格斯(1846)指出,私有制和资本主义制度是城乡对立的根源,进而对城乡关系的发展做出了必将融合的科学推断。

---

① 马克思. 资本论(第1卷)[M]. 北京:人民出版社,2004:370.
② 马克思,恩格斯. 马克思恩格斯选集(第1卷)[M]. 北京:人民出版社,1995:68.

(3)关于实现城乡融合的方法论。马克思、恩格斯(1853)指出,消灭城乡对立、实现城乡融合是历史的必然趋势,也是一个长期的、渐进的历史过程。实现城乡融合主要遵循三条路径:一是发展生产力,这是实现城乡融合的物质前提。他们指出,只有社会生产力发展到一定高度,社会产品极大丰富,城乡融合才有了物质基础。二是废除私有制,这是实现城乡融合的关系前提。城乡融合"不仅仅决定于生产力的发展,而且还决定于生产力是否归人民所有"。① 只有消灭私有制,社会产品归全体社会成员共同拥有,城乡融合才能够实现。三是促进人的全面发展,这是实现城乡融合的主体前提。人是生产的主体,人的能力决定了社会生产发展的程度,只有人全面发展,才能合理利用生产要素,发挥生产力最大潜力。而提高人的素质和才能并实现人全面发展的根本途径就是发展教育。

2.1.3.2 我国对马克思主义城镇化理论的践行和推进

早在1949年,毛泽东和刘少奇就先后针对中华人民共和国成立之后城乡经济发展提出了"城乡兼顾,沟通城乡关系"的政策主张,随着我国国民经济的发展和不同阶段发展战略的调整,我国对马克思主义的城镇化理论进行了不断的推进。

(1)中华人民共和国成立之初到1978年党的十一届三中全会之前,我国城镇化道路经历了从快速发展到停滞不前、城乡关系由畅通到对立的局面。中华人民共和国成立之初到"一五"期间(1949~1957年),遵循"城乡兼顾、沟通城乡关系"的政策主张,我国城镇化进程加快,大批农村人口迁移并落户到城市,农产品价格持续上涨、工业品价格则保持稳定,工农业价格剪刀差缩小。不过,1958年国家确立实施城乡户籍制度,人为地在城乡间划出一道界限,"户口成了中国人在国内的一个护照"(Henderson,2003),与住房、公共教育、公共卫生、粮食供给等密切相连,不仅直接限制住了农村劳动力向城市的流动,而且人为加大了城乡间的矛盾。随着1958年掀起的"大跃进"运动及随后出现的三年自然灾害,全国粮食大幅减产,工农矛盾、城乡矛盾积聚,面对这种困境,国家实施了"调整、巩固、充实、提高"的政策方针,矛盾一度缓解。很遗憾的是,随着1966年"文化大革命"的爆发,城乡关系再次被割裂并对立起

---

① 马克思,恩格斯. 马克思恩格斯选集(第1卷)[M]. 北京:人民出版社,1995:771.

来,并且这种趋势逐步加剧。

(2) 1978~1992 年,我国城镇化道路经历了从协调融合到失衡的发展过程。1978 年,伴随着党的十一届三中全会的胜利召开,改革开放的序幕正式拉开,国家进入到以经济建设为核心的轨道上来。1979 年,党的十一届四中全会提出了"有计划地发展小城镇建设和加强城市对农村的支援"的城镇化发展方针。乡镇企业异军突起,吸纳了约 50% 的农村剩余劳动力,并且极大地促进了小城镇的发展。而城市支援农村,加速了生产要素的流动,不仅促进了农业发展和农民增收,也逐步丰富了城市农副产品的供给,形成了工农之间、城乡之间相互影响、相互促进的局面。农村人口向城市流动有所加快,城镇率得到提高。不过,1984 年党的十二届三中全会将经济体制改革的重心转移到加快城市发展上来,自此,资金、技术、人才等各种生产要素的配置均向城市倾斜,农村发展速度下降,城乡差距扩大。

(3) 1992~2012 年,我国城镇化道路经历了由失衡到统筹发展的过程。1992 年,党的十四大确立了进行市场经济体制改革的目标,正如马克思所说的"商业依赖于城市的发展,而城市的发展也要以商业为条件",市场经济体制改革极大推动了城市工商业的发展,城乡差距进一步加大。在这一阶段,大量农业剩余劳动力涌入城市,形成一个日益壮大的农民工阶层,实际上是提高了常住人口城镇化的比率。不过农民工在就业、医疗、住房、子女教育等诸多方面与城市居民都存在着严重的不平等,形成了新的社会问题。针对这些情况,2003 年党的十六届三中全会首次提出城乡统筹发展战略,明确指出:工业反哺农业、城市支持农村,实现工业与农业、城市与农村协调发展。并且从 2004 年开始,党中央每一年的一号文件都聚焦"三农"问题,使农村经济逐年向好,城乡差距缓步收缩,城乡矛盾得到缓解。

(4) 2012 年至今,党的十八大以来的新型城镇化战略,突出体现了马克思、恩格斯提出的城乡一体化的终极目标。2012 年,党的十八大提出新型城镇化战略,将具体的城镇化路径和终极发展目标都纳入战略实施的范畴,一方面强调城镇化进程中要兼顾大中小城市和小城镇的协调发展,另一方面又强调了城乡经济要统筹发展,从而一步步推进城乡一体化的实现。在此过程中非常重视城镇化的发展质量问题,提出以人为核心的发展观，将马克思的城乡融合的目标贯彻到了中国的社会主义实践当中。

2.1.3.3 对上述理论及其在我国发展历程的评述

马克思、恩格斯的城镇化理论概括了伴随着生产力的发展，人类城镇化的历程和发展方向，为我国城镇化发展提供了理论指导。纵观中华人民共和国成立以来城镇化和城乡关系发展的历程，经济形势不同，城镇化的侧重点也不同，其中也多有波折，但只要遵循城乡统筹发展、城乡一体化的目标，就能够发现问题并解决问题。随着经济进步、科技发展，城镇化的推动力越来越强；同时由于一些土地政策、资源瓶颈等问题尚未解决，城镇化也不时遇到新问题，城乡统筹、一体化发展的内涵也在不断更新完善。不过每一代领导集体都有针对当时的社会和经济发展现实做出正确道路选择并及时纠正问题的睿智和魄力。

2.2 金融相关理论

2.2.1 金融发展理论

金融发展理论着眼于研究发展中国家金融发展与经济发展的关系。其相关理论最初是在发展经济学产生后出现的，以美国经济学家格利和肖在1955年和1956年分别发表的《经济发展中的金融方面》和《金融中介机构与储蓄—投资》两篇论文的诞生为标志（叶维武，2013）。20世纪60年代，他们又提出金融的发展是推动经济发展的动力和手段。金融发展理论发展至今，大体经历了金融抑制理论、金融深化理论和金融约束理论三个阶段。

2.2.1.1 金融抑制理论

麦金农（1997）提出了金融抑制的概念，他指出，由于发展中国家对利率和汇率的过多干预，导致利率及汇率价格扭曲，无法反映市场的真实供求，例如利率管制导致利率被人为压低后既降低了资金的配置效率，也扼杀了储蓄的积极性，从而资金供给减少、经济增长缓慢。这种情况即为金融抑制。肖则提出，由于金融发展与经济发展具有相互推动、相互制约的关系，所以，金融抑制和经济落后形成恶性循环。这种金融抑制导致发展中国家金融体系内部的二元结构，即现代化管理方式的正规、大型金融机构与以传统落后方式经营的小规模金融机构或非正规金融机构并存。

2.2.1.2 金融深化理论

面对金融抑制带来的负面影响，肖和麦金农提出了金融深化理论，即政府放松对利率及汇率的管制，使其成为反映市场供求的信号，从而增加储蓄与投资，刺激经济增长。戈德史密斯（1969）提出金融相关率（Financial Interrelations Ratio，FIR）的概念，被用来衡量或描述金融深化的程度。具体计算金融相关率时，可以分为时点指标和时期指标两种。时点指标又叫存量指标，是用某一时点上的金融资产总额与一国国民财富相比；时期指标又叫流量指标，是用某一时期全部金融资产价值与这一时期的国民财富总量相比（马守荣等，2013）。各国衡量国民财富的重要指标是国内生产总值（GDP），因此，在考量一国金融深化程度时，也大多都采用流量指标的 FIR。其具体计算公式为：

$$FIR = \frac{M_2 + L + S}{GDP} \quad (2-1)$$

或

$$FIR = \frac{M_2}{GDP} \quad (2-2)$$

式（2-1）和式（2-2）中，M_2 为广义货币，L 为债券余额（包括债券及各种信贷凭证），S 为股票市值。

肖最早使用式（2-2）来表示一个国家经济货币化的程度，从此，式（2-2）被广泛应用于衡量发展中国家的金融发展水平和金融深化程度。

2.2.1.3 金融约束理论

金融约束理论是介于金融抑制理论和金融深化理论两者之间的一种理论。20 世纪 90 年代，斯蒂格利茨、莱文等经济学家运用信息经济学理论对发展中国家的金融市场、金融深化与经济发展进行了研究，他们认为，金融抑制理论实质上是过度强调了政府的作用而忽视了市场的变化，所以产生了政府失灵；而金融深化则是对政府失灵的一种过度的纠正，实施中又不可避免地产生了市场失灵的问题。对此，他们提出了金融约束理论。通过政府对金融市场实施一系列有效监管措施和金融约束政策，引导金融市场适应经济发展的需求，从而实现金融发展与经济发展的良性互动，刺激经济增长。

2.2.1.4 对上述理论的评述

从上述理论研究可知，金融约束理论似乎更灵活并契合实际。但是，在实际操作中如何把握约束的度，是需要根据具体经济环境和经济发展状态来认真考量的，要注意避免矫枉过正，出现新的变相的或者更为扭曲的金融抑制，例如出现政府监管中的寻租、腐败问题等。另外，在具体应用上述理论指导实践时，也应该注重联系一国具体的经济、金融制度做分析。比如 FIR 这个指标，应用这个指标对各国金融深化程度进行对比分析，发现发达国家 FIR 一般在 2~3，发展中国家则在 0.6~1.5，研究发现金融相关率与经济发达程度正相关，其上限一般是 2.5 左右。不过，我国近年来按照式（2-2）计算的 FIR 远远超出发达国家，也超出了 FIR 上限数倍，一度达到 5~8，但这个似乎畸形的数据并不能说明我国金融深化程度极高，而是只能说明我国每增加 1 元 GDP，要增加 5~8 元的投资，是一种金融资源配置低效的表现（马守荣等，2013）。同时，我国农村由于长期存在金融抑制问题，导致内生金融不断发展，FIR 的初衷就是衡量内部融资与外部融资的差异，表明经济发展中外部融资的贡献，但显然，通常使用式（2-2）计算出来的 FIR 无法完成这一任务。由此可见，在使用这些理论研究一国金融发展时，必须结合国家的经济、金融政策和资源禀赋等具体情况，同时要根据研究目标选择更为合适的计量公式，以做出更符合实际、更有的放矢的研究。

2.2.2 农村金融理论

金融是现代经济的核心，而农村金融是整体金融发展中的一个重要组成部分，农村金融理论也就必然受到现代金融发展理论及政策主张的影响。在农村金融理论的演变过程中，现在主要有农业信贷补贴论、农村金融市场论和不完全竞争市场理论三个学派。

2.2.2.1 农业信贷补贴论

在 20 世纪 80 年代以前，农业信贷补贴论一直是农村金融理论界的主流。该理论的基础是，认为农村居民特别是贫困阶层没有储蓄能力，农村面临的是资金不足问题。同时又由于农业收入的不确定性、投资的长期性、低收益性等，使农村商业金融不能持续，农业不可能成为商业银行的投资对象。后果就是农村金融陷入困境，大量的资金外流；当然，与此同时，也为高利率的民间非正规金融发展提供了空间。解决办法是，从农村外围注入政策性资金，并建立非营利性的专业金融机构来进行资金分配。

2.2.2.2 农村金融市场论

从农村金融理论的发展来看，强调政府作用的传统发展经济学逐渐被强调市场力量的新古典发展经济学所取代。20 世纪 80 年代，农村金融市场理论逐渐替代了农业信贷补贴论。其理论基础是，农村金融资金的缺乏，并不是因为农民没有储蓄能力，而是由于农村金融体系中不合理的金融安排（如政府管制、利率控制、政府补贴提升了农民对低息贷款的等待和依赖等）抑制了其发展。其政策主张有：要发挥金融市场作用，减少政府干预，实现利率市场化，实现农村储蓄和资金供求的平衡；取消专项特定目标贷款制度，适当发展非正规金融市场等。

2.2.2.3 不完全竞争市场理论

20 世纪 90 年代以来，农村金融市场理论又得到了进一步发展。斯蒂格利茨等经济学家认为农村金融并不是完全竞争的市场，存在信息不对称等现象，因此该理论强调政府应适当介入，对农村金融市场监管采取间接调控机制，并依据一定的原则确立监管的范围和标准，重点解决农村金融市场的信息不对称问题。即农村金融市场不是一个完全竞争的市场，尤其是放款一方（金融机构）对于借款人的情况根本无法充分掌握，再加上农村的特殊情况，金融机构很难控制农村系统风险，有必要采用诸如政府适当介入金融市场以及借款人的组织化等非市场措施。

2.2.2.4 对上述理论的评述

农业信贷补贴论强调政府对农村金融市场的扶持，这种农村金融政策经实践证明并不成功，它引发了资金回收率低、使用效率低下等一系列矛盾，加之对农村金融市场机制的忽视，致使农村金融循环发展的长效机制难以建立。农村金融市场论注重利用市场的力量发掘农村内部的储蓄和资金供给能力，强调利用市场机制建立农村金融体系。不完全市场竞争理论是目前比较时髦的农村金融理论，明确指出了政府对金融市场的干预手段和范围——间接介入，帮助资金供求双方解决信息不对称问题，显然这一理论更加契合以市场为导向的金融体制改革的方向。

2.2.3 微型金融理论

作为微型金融发展的最初形态的小额信贷，基本上就是在前述的金融发展理论、农村金融理论基础上展开的，随着微型金融实践的深入，理论研究的深度和广度也得到不断扩展。在此，将对指导微型金融的其他金融理论做简要陈述。

2.2.3.1 金融排斥理论

金融排斥（Financial Exclusion），也称金融排除，最初属于一个金融地理学的研究范畴，20世纪90年代以后，逐渐成为经济学研究热点。简单地讲，金融排斥就是指被正规金融机构排除在外，得不到相应的金融产品和服务。根据金融排斥发生的原因，可以简单地分为主动排斥（Voluntary Exclusion）和被动排斥（Involuntary Exclusion）两大类。主动排斥就是被排斥主体因自身原因主动拒绝或避免接受金融产品和金融服务，例如风俗习惯、心理、基于对过高交易成本的厌恶等而拒绝接受正规金融服务。被动排斥是指由金融机构或金融系统引致的排斥，具体包括五个维度（王修华、邱兆祥，2010）：地理排斥（Physical Access Exclusion），指被排斥者距金融机构或网点较远，必须借助交通工具方能到达；评估排斥（Access Exclusion），指正规金融机构通过信用评估等将一些客户排斥在金融服务之外；条件排斥（Condition Exclusion），指金融机构在提供金融服务时提出的一些附加条件不能被客户接受或者客户无法达到条件要求；价格排斥（Price Pxclusion），指金融产品或服务定价过高，超出被排斥者能接受的范围；营销排斥（Marketing Exclusion），指金融机构的一些目标营销策略制定之初就将一些客户排除在提供金融服务之外（Kempson、Whyley，1999）。

金融排斥的出现和存在会导致一些区域内金融机构的撤出，从而形成金融空洞（Financial Desertification）（Thrift、Leyshon，1997），而金融空洞导致社会排斥的加剧，不仅强化了地区发展的不平衡，而且可能会进一步激化矛盾，引发社区甚至整个社会的不稳定。同时，被排斥者为了获得所需的金融服务，不得不转而寻求风险高、利率高的非主流、非正规金融机构，从而出现越贫穷而需要承受的金融服务负担越重的现象（田霖，2007）。尽管金融排斥被认为有很多负面效应，不过也有经济学者认为金融排斥也有一定的积极性，例如金融机构对目标客户营销，虽然造成了金融排斥，但也带来了客户群细分并提供差别化服务，提高了金融服务效率（田霖，2007）。

金融排斥被视为一种市场失灵，故需要政府介入。政府可以通过相关法规纠正并约束来自金融机构或金融系统引致的排斥，引导这些正规金融机构向贫困地区和人口延伸服务；也可以成立专门的排斥协调部门，缓解包括金融排斥在内的社会排斥问题（张晶等，2014）；还可以通过降低贸易壁垒增加贫困地区收入，设立专项金融教育项目以消除知识差异导致的自我排斥等办法逐步缓解金融排斥（Kempson 等，2000）。

2.2.3.2 金融包容理论

金融包容理论，也有学者将其称为普惠制金融理论。在 2005 "国际小额信贷年"（International Year of Microcredit）上，联合国正式提出构建"包容性金融体系"（Inclusive Financial System）的概念，金融包容（Financial Inclusion）成为研究热点，属于金融发展领域一个新兴的研究方向。关于金融包容的概念有狭义和广义之分，狭义的金融包容专指面向低收入群体提供的金融服务，是低收入群体能及时、充分获得的，并能够支付得起的金融服务。广义的金融包容一般被理解为是与金融排斥相对立的一个概念，泛指经济中每个人都能以平等的机会获得合适的金融产品和服务。金融包容的核心是解决金融公平的缺失。反映金融包容性比较直观、易于测度的指标主要包括两个维度共八个指标，如表 2-1 所示。

表 2-1 金融包容性测度指标

可触性指标（Access）	使用效用性指标（Usage）
每百平方公里金融机构网点数	人均贷款/GDP
每百平方公里 ATM 机数	人均储蓄/GDP
每万人金融机构网点数	每个成年人贷款账户数
每万人 ATM 机数	每个成年人储蓄账户数

现有研究认为，需求主体、供给诱导和社会环境这三大因素会对一国金融包容程度产生影响（王修华等，2014）。需求主体的性别、年龄、受

教育程度、家庭收入情况、住址等都会影响金融包容度，如识字率、人均收入对金融包容度有正向促进作用（Kumar、Mohanty，2011）；供给诱导包括金融基础设施、交通和通信设施、政府政策、部门机构等都会影响金融包容度，如移动手机的普及提高了金融的包容度（Andrianaivo、Kpodar，2011）；社会环境因素包括一国收入分配状况、城镇化程度、劳动力结构等，如基尼系数与金融包容度呈负相关，农村人口比例与金融包容度也呈负相关（Sarraa、Pais，2011）。现有研究认为，金融包容性的推进需要政府公共部门、私营部门和民间三个层面共同参与协调（王修华等，2014）。

2.2.3.3 金融创新理论

"创新"一词最早是在1912年由美籍奥匈帝国经济学家熊彼特提出的，后来被应用于金融研究领域并逐步形成金融创新理论。金融创新（Financial Innovation）是指"金融当局或金融机构为了更好地实现金融资产的流动性、安全性和营利性目标，利用新观念、新技术、新的管理方法或组织形式，来改变金融体系中基本要素的搭配和组合，推出新工具、新机构、新市场、新制度，创造和组合新的高效率的资金营运方式或营运体系的过程"（王仁祥、喻平，2004）。产生金融创新的原因主要有三大要素（Thornton、Stone，1987）：一是金融市场上的风险或不确定性的增加。金融风险的增加会对金融产品和业务衍生出大的创新需求。二是严重制约金融机构有效竞争能力的金融管制。为规避管制以获取更多利润，衍生出金融机构进行创新的需求；而金融机构对产品、服务、管理方式等的创新又会促使管制制度进行改革创新，金融机构创新与管制制度创新互为因果、相互作用，都属于金融创新。三是法律（如税法的变更）、技术（如计算机和通信技术进步）以及其他因素的综合作用。

金融创新的后果至少有如下几方面：一是在信贷市场上，国有商业银行的作用下降，甚至大大下降，从其他非国有商业银行以及非银行金融机构获取的资金来源在增加。二是改变了传统的金融机构之间"巴尔干化"①的市场割据，商业银行之间的业务区别、开展业务的地域范围差异逐步消失。三是增加了M1的利率需求弹性，创新产生的新的金融资产是对传统

---

① 巴尔干化指地方政权等在诸多地方之间的分割，并由此产生的地方政府体制下的分裂，也称"碎片化"。

上作为交换媒介的 M1 的替代，由于替代品的增加，自然提高了 M1 的利率需求弹性。四是金融创新既改变了货币供给过程，又因此影响了货币当局控制多种货币流通的能力，也推动了货币当局管制创新。

2.2.3.4 对上述理论的评述

从金融排斥理论到金融包容理论和金融创新理论，都属于 20 世纪末以来的金融理论创新，这些理论既是金融改革、创新的理论源泉，同时现实的金融体系的不断变革也推动着这些理论进一步完善、创新。微型金融本身就是一种创新，它既是对金融排斥问题的一种解决方式，也是实现金融包容所必需的重要方式。在微型金融发展过程中，更应该拓展思路，不断进行诸如产品创新、手段创新、机构创新、制度创新等，而在这些创新发展中，更需要进行一些观念创新。例如，现有的金融排斥理论很强调政府介入，通过加强政府监管来缓解或消除排斥，但周立（2010）分析了中国的农村金融情况，认为由于政府监管失效和制度的缺失，反而引发了金融排异问题，即由于政府的管制，把原来正规金融服务缺失带来的金融排斥转变成了排挤非正规金融（草根金融）生存的金融排异问题。他指出，中国农村的资金互助社属于内生于农村的金融组织，其内源性的资金来源使得其自身天然地具有了激励和约束的相容机制，不需要外来监管。但不监管的话政府部门就无法从监管活动中获取收益，这显然与政府管理部门追求租金最大化的目标相悖，因此政府反而对这种金融组织实施了严厉的监管和转入制度，制约了资金互助社的发展。很显然，周立认为资金互助社作为我国农村原有的微型金融机构完全能够实现农村小农人群的资金供求，而在政府监管和主导下新成立的小额贷款公司、村镇银行是"一个多余的制度设计"。

3

人口城镇化进程与微型金融发展的相互作用机理研究

3.1 经济发展是连接人口城镇化与微型金融发展的纽带和共同动力

3.1.1 经济发展与人口城镇化

3.1.1.1 经济发展是人口城镇化的起因和动力

城镇化既是人口从农村向城市的转移，也是产业结构由第一产业为核心逐步向第二、第三产业的转移，是经济发展到一定程度和阶段的产物。正如前述马克思主义的城镇化理论所论证的，人类社会发展之初，由于生产力水平低下，经济发展缓慢，没有产业分工，城乡经济浑然一体；后来，随着经济的发展，农业占据了经济发展的主体地位，城市经济处于从属位置；进一步地，随着经济发展和生产力水平的提高，农业经济不断发展，有了农业生产剩余，就出现了独立的商人阶层和商品经济，推动着出现了城乡分离和城乡利益的对立。随着工业和商业的发展，城市经济表现出更加快速的发展趋势，城乡差距拉大，从而开启了由缓慢前行到加速发展的人口城镇化进程。由此可见，城镇化完全是经济发展到一定阶段的产物，并伴随着经济的发展，呈现出不同的发展速度和特点。

联合国在 1974 年率先提出，随着时间推移和经济发展，人口城镇化呈"S"形变化规律，这一规律就是后来广为流传的被认为是美国经济地理学家诺瑟姆（Ray M. Northam）在 1979 年提出的诺瑟姆曲线（李恩平，2013）。诺瑟姆曲线表明，人口城镇化的进程是伴随着经济发展的步伐，表现出先上凹后下凹的被拉开的"S"形（见图 3-1）。

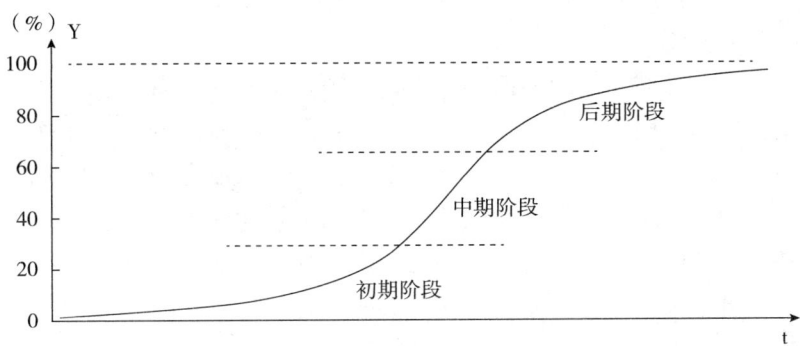

图 3-1 城镇化发展的"S"形曲线

城镇化发展的"S"形曲线图，主要是根据欧美国家城镇化与工业化的进程绘制的，较为形象地概括了伴随着经济发展的人口城镇化的进程。按照通行的理论，图 3-1 中的横轴既可以视为物理时间的推移，也可以视为经济发展的过程，纵轴则是人口城镇化率。

人口城镇化率低于 30% 被视为城镇化初期阶段，这一时期对应着经济发展中的工业化初期，世界经济发展历史表明，在工业化初期阶段，更多地表现出农业对工业的一种支持，所以在此阶段，人口城镇化率是以一个递增的速度在发展。不过，由于整个社会劳动生产力水平较低，所以整体的人口城镇化率提升缓慢。

人口城镇化率在 30%~70% 被视为城镇化的中期阶段，这一阶段，人口城镇化率增速是三个阶段中最高的，不过这种相对高速的增长速度在这一阶段呈现出先递增后递减的趋势，即"S"形曲线上凹与下凹的拐点处于这一区间，人口城镇化的增速在拐点处达到最快。这一阶段又可以分为前半期和后半期：在前半期，工业化和市场经济发展迅速，集聚了先进的产业、技术和大量的资金，城市收入水平快速增长，吸引着大量农村人口涌入城市；与此同时，农业劳动生产力也显著提高，有更多的劳动力从农业生产中解放出来，有能力和欲望到城市寻找新的发展机会，所以这一时期表现为人口城镇化增速较快，城市的人口集聚、产业集聚、资金集聚、技术集聚等集聚效应突出。在后半期，城市经济增速减缓，虽然依然会吸引农业人口不断转为城市人口，不过伴随着城镇化产生的集聚效应的外溢性，农村经济得到持续发展，城乡间经济都获得长足的发展，城乡差距逐步缩小，城镇化速度较前半段有所减缓。

伴随着这种城乡差距的缩小，人口城镇化也进入到城镇化率超过70%的城镇化后期阶段，这一阶段，城市经济进入后工业化时代，整个国民经济以城市经济为主体，但与之相伴随的是农业现代化程度逐步提高，农业生产条件和获利水平都有极大的改变，农村经济水平与城市差距很小，城市对农村人口已经没有很强的吸引力，人口城镇化率增速进一步减缓，经济的发展更多地体现为城乡一体化趋势的加强。

3.1.1.2 人口城镇化推动经济发展

人口的城镇化进程对经济发展最直接的影响就是更多地表现为一种集聚效应，即前述的人口集聚、产业集聚、资金集聚、技术集聚。这一系列的集聚，对推动城市经济发展，进而拉动农业进步、推动农村经济发展具有较强的正向作用。人口的集聚，既有农业人口向城市的转移，也伴随着城市人口中各类人才的集中、集聚，从而推动着科技进步、各种创新不断涌现，进而推动着经济进一步加速发展。同时，产业集聚既强化了人口的集聚，也推动了技术和资金的集聚，共同推动经济快速发展。技术进步，既加速了城市经济发展，又通过外溢效应拉动农业机器设备升级、农业生产技术不断进步，进而拉动农村经济也实现较大的增长。

不过，人口城镇化率的提高并不是总能够促进经济的发展，很多学者研究发现，人口城镇化对经济发展的推动作用呈现出倒"U"形变化趋势（Bertinelli、Strobl，2003），并且这种趋势在发展中国家表现更为明显（马勇、李振，2016）。马勇、李振（2016）根据全球143个国家的动态面板数据的实证研究结果，提出人口城镇化率达到60%~63%时，对经济增长的影响将出现一个拐点，也就是一旦城镇化率超过这一拐点，伴随着人口城镇化率的提高，经济发展增速反而表现出下降的趋势。基于此，他们根据中国近年来的人口城镇化率增速，预测中国在2019~2021年伴随着人口城镇化率达到并超过60%，经济增速也将进入拐点区域，即城镇化率的提高不能再推动经济增长。人口城镇化对经济发展的这种倒"U"形的影响，主要是基于各种生产要素的配置。在人口城镇化率水平没有达到60%以前，人口城镇化产生的各种集聚效应优化了要素配比，既提高了各类要素使用的竞争程度，也提高了使用效率，所以促进了经济发展；而人口城镇化率超过特定规模后，各类要素资源继续不断由农村涌入城市，导致城乡之间、城市及农村各自内部生产结构和要素配比越来越失衡，反而对经济发展带来负面影响。

3.1.2 经济发展与微型金融发展

3.1.2.1 经济发展是微型金融产生和发展的起因和动力

金融本身就是经济发展到一定阶段的产物。当经济发展到一定阶段，有了剩余产品，从而产生了交换；随着交换的发展，才产生了固定的充当一般等价物的货币，有了货币，也就有了货币的融通，于是金融得以产生。

微型金融同样是基于经济发展的需求，伴随着经济发展到一定程度而产生的。随着经济的发展，与全球经济不断发展同时产生的，是国与国之间以及一个国家内部不同地区、不同阶层的收入差距拉大，在这样的背景下，世界银行、联合国开发计划署、亚洲银行等国际机构先后提出包容性发展的理念，即要使全球化、地区经济一体化发展带来的利益和好处惠及所有国家和地区，使经济增长所产生的效益和财富惠及所有人群，特别是要惠及弱势群体和欠发达国家。正是在这个包容性发展的理念下，微型金融作为一种专门为小微企业和低收入群体服务的金融逐步产生并加速发展起来。

白钦先、谭庆华（2006）曾提出，金融具有四个层次七大类功能，借鉴他们的研究思想和成果，可以认为经济发展产生了若干需求，从而带来了微型金融服务的诞生和功能的不断拓展。参考杨凤华（2012）关于经济发展决定金融发展的图示，如图3-2所示，直观阐释经济发展对微型金融发展的作用。

在经济发展后，涌现出一批小微企业和低收入群体，由于自身的资源禀赋等，他们很难成为原有金融服务体系的服务对象，因此与之需求相对应的微型金融得以产生。作为金融体系中很重要的一部分，微型金融也具有金融服务所拥有的四个层次七大类功能，并且微型金融这些功能的逐步

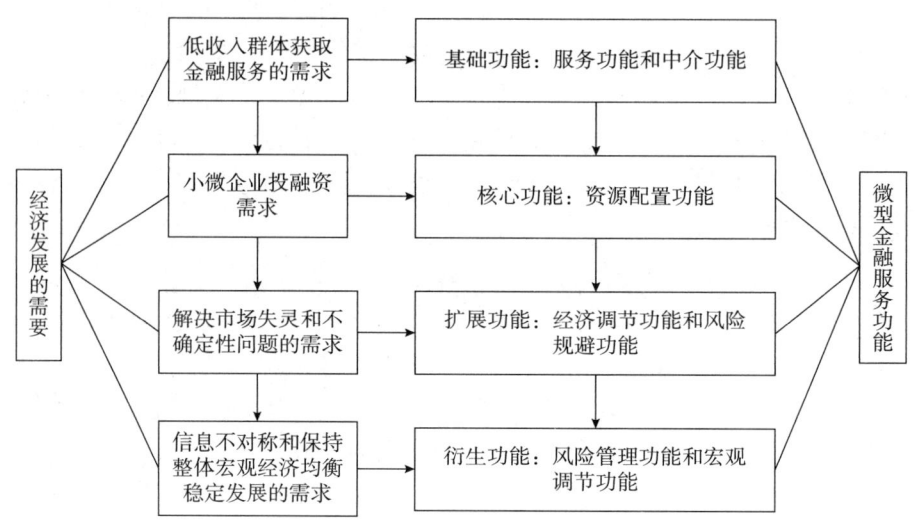

图 3-2 经济发展对微型金融发展的作用

完善恰恰是基于经济发展的不断推动。无论是小微企业还是低收入群体，都需要进行存取款、贷款、转账等一系列金融服务，而为这类群体提供金融服务的就是微型金融，发挥的就是微型金融的基础功能和核心功能。特别是在为小微企业服务过程中，资本逐利的天性使得微型金融的资源配置功能得到长足的发展。此外，在为小微企业和低收入群体提供服务的过程中，微型金融机构也要贯彻执行国家的相关政策，例如执行并完成扶贫任务、支持贫困人口就业或创业、贯彻产业倾斜政策等，这些都属于微型金融的经济调节功能。同时，因为微型金融服务对象资源禀赋相对稀缺、风险高，因此也就促进了银行类金融机构与保险等非银行类金融机构的合作，从而不断完善着微型金融体系的风险规避功能。对于微型金融的衍生功能，风险管理主要涉及信息传递、公司治理、风险交易等，在微型金融产生之前，微型金融服务的缺失既有经济整体实力无力顾及这些群体、由于资本逐利的天性而抛弃了这一群体的原因，也有这些群体与大型金融机构之间信息不对称问题突出且交易成本过高从而抑制了大型金融机构提供微型金融服务的原因。而新兴的微型金融机构弥补了大型金融机构的这一缺憾，相比于大型金融机构，专业性的微型金融机构对这些服务对象有较好的风险管控能力,并在为这些群体服务过程中,逐步实现了引导消费、区域协调、财富再分配等宏观调节功能。

总之,经济发展对微型金融服务提出了需求,从而带动了微型金融的产生和发展。

3.1.2.2 微型金融发展进一步促进经济发展

金融发展是经济增长的一个必要条件(Gurley J.G.、Show E.S.,1955),微型金融的产生和发展反过来又促进了经济发展。Gurley 和 Show 提出,金融发展表现为银行和非银行金融机构增加、货币及非货币金融资产增多。借用金融发展的理念,将其延伸至微型金融发展,可以将微型金融发展理解为提供微型金融服务的各类金融机构的增加,各类微型金融产品的数量和种类的增加。

美国经济学家费雪早在 20 世纪初就提出了著名的货币需求理论费雪方程式。

$$MV = PY \quad (3-1)$$

式(3-1)中,M 为一定时期内流通中的货币量,V 为货币流速,P 为价格水平,Y 为产出量。对上式做一个简单的变形,得到:

$$Y = \frac{MV}{P} \quad (3-2)$$

假设式(3-2)中,某一经济发展阶段价格水平相对稳定,即 P 保持不变,显然一国流通中的货币量和货币流速与经济总量同向变化。微型金融的服务对象主要是小微企业和低收入群体,小微企业的资金流动具有额度小但流动频繁的特点,其资金贷放周转快,可以加大流通中的货币量数额 M 和流速 V,进而促进经济总量增长加快。与此同时,由于低收入群体的边际消费倾向高,其得到微型金融服务后,一方面,其消费和投资行为会提高资金流速并增加流通中货币量,促进经济增长加快;另一方面,由于低收入群体边际消费倾向高,通过放款,提高低收入群体整体的收入水平和消费能力后,会拉高全社会的边际消费倾向,进而促进一国投资乘数增大,促进一国经济增长。

3.1.3 经济发展是连接人口城镇化与微型金融发展的纽带

通过前述分析,可以看到,无论是人口城镇化还是微型金融的产生和发展，其起因和动力都是经济发展，经济发展到一定程度才有了城镇化发展和微型金融的出现，而二者的发展又促进了经济发展，形成良性互动。在这一互动过程中，经济发展成为连接人口城镇化与微型金融发展的纽带。具体而言，经济发展促进了商业产生和人口由农村向城市的流动，而城市经济与商业经济的发展促进了资金融通，可以说，最初金融很大程度上是在经济发展基础上带来的城镇化内生的结果（孙玉忠，2016）。随着经济进一步发展，人口城镇化与金融都得到长足发展，随之而来的拉动就业的主力小微企业和低收入群体的金融服务空缺也逐步暴露出来，因此才逐步产生了专门为小微企业和低收入人群提供服务的微型金融。应该说，人口城镇化与微型金融发展的共同基础都是经济发展。经济发展推动人口城镇化，人口城镇化带来对微型金融服务的需求以及需求的不断扩大，这刺激着微型金融不断发展、拓展新的业务种类和数量；微型金融的发展，提高了资金配置效率，推动了经济发展并进一步促进人口城镇化。经济发展、人口城镇化、微型金融发展协调关系如图3-3所示。

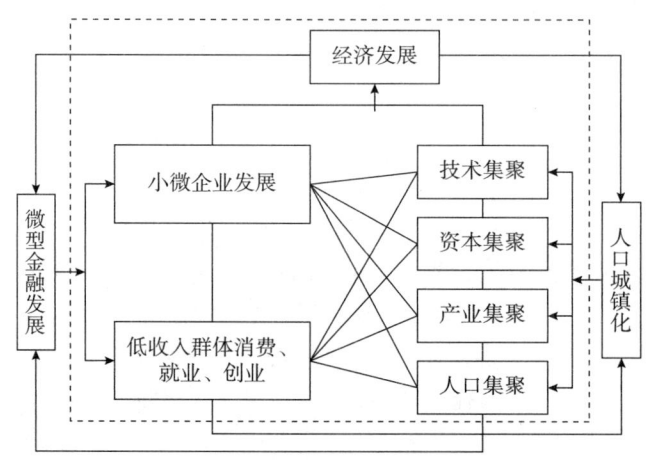

图 3-3　经济发展、人口城镇化、微型金融发展协调关系

3.2　人口城镇化发展促进微型金融发展的作用机理

以经济发展作为纽带，人口城镇化对微型金融发展的促进作用体现在

拉动和推动两个方面。

3.2.1 人口城镇化对微型金融发展的拉动作用

人口城镇化对微型金融发展的拉动作用主要源于人口城镇化过程中对微型金融服务产生了巨大的需求，故而从需求角度拉动了微型金融的发展。

随着农村人口向城市的转移，产生了人口集聚、产业集聚等集聚效应，进而在基础设施建设、房地产建设、教育文化建设、人口生活环境改善和生活水平提高等方面都对金融产生了巨大需求，其中个人住房的改善、受教育程度的提升、医疗卫生保健需求的提升、生活水平的提升、个体创业及小微企业发展等都直接对微型金融形成需求，从而拉动微型金融产生并蓬勃发展。与此同时，在人口城镇化率快速增长阶段，特别是发展中国家，可能会出现因为城乡差距拉大、资本逐利的天性结合起来导致城乡金融非均衡发展，农村金融出现空心化现象，而微型金融恰好可以弥补农村金融的"真空域"（丁汝俊、段亚威，2014），即人口城镇化的发展也引发了农村地区对微型金融的需求。此外，伴随着人口城镇化进程，城乡经济发展整体向好，人均生活水平提高、财富增长、个人创业及家庭理财、网络支付、网络金融等新兴的微型金融服务需求会不断扩大，从而不断拉动微型金融发展。

3.2.2 人口城镇化对微型金融发展的推动作用

人口城镇化对微型金融发展的推动作用主要体现在人口城镇化率越高，由人口城镇化带来的资本集聚、技术集聚等集聚效应越明显，从而也极大改善了微型金融的供给环境和供给效率，从供给的角度推动了微型金融发展。

人口城镇化具有较强的效益外溢性。人口城镇化的发展带来基础设施改善，交通和网络环境都越来越发达，交流和信息推广变得更容易，一方面推动了金融集聚，形成集中的专业化的金融产品供给网络，专业设备创新、网络和信息技术创新都提高了微型金融效率；另一方面又为金融产品创新、服务手段创新和拓展、管理方式创新、交易技术创新等提供了人力和技术的支持，促进了微型金融发展。

人口城镇化对微型金融发展的作用可以用图 3-4 来表示。

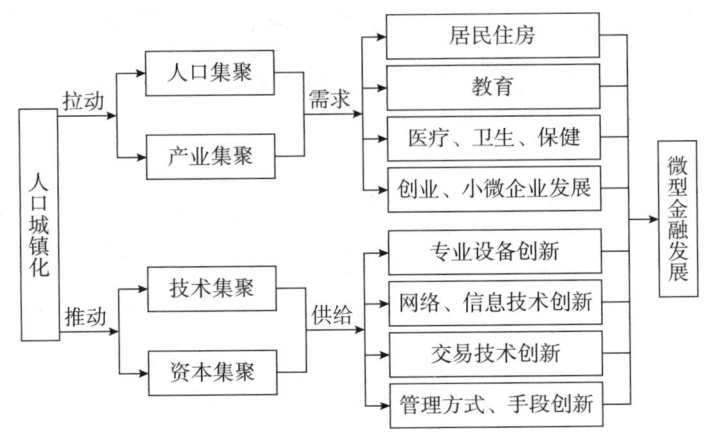

图 3-4　人口城镇化促进微型金融发展的作用机理

3.3　微型金融发展推动人口城镇化进程的作用机理

微型金融发展同样是通过促进经济发展加快了人口城镇化的进程。微型金融服务的对象主要是小微企业和城乡低收入群体，因此，它对人口城镇化的影响也可以通过对这两类服务对象的影响来考察。

3.3.1　微型金融通过服务小微企业促进人口城镇化

3.3.1.1　关于小微企业的界定

小微企业是我国微型金融服务的企业客户，一般是对小型企业、微型企业、家庭式作坊、个体工商户的统称。对于小微的具体标准，中华人民共和国工业和信息化部、国家统计局、中华人民共和国国家发展和改革委员会、中华人民共和国财政部联合制定的《关于印发中小企业划分标准的通知》规定，把中小企业划分为中型、小型和微型三类，根据从业人员、营业收入、资产总额等指标，对不同行业的中小微企业规定了具体的划定标准，为简单起见，在此剔除中型企业判定标准，并仅将小微企业判定标准的上限归纳到表 3-1 中。通过表 3-1 可以看到，小微企业主要集中于第三产业或者说服务业。

表 3-1 小微企业判定标准

行业	从业人数（人）	营业收入（万元）	行业	从业人数（人）	营业收入（万元）	资产总额（万元）
农林牧渔业	—	500	住宿业	100	2000	—
工业	300	2000	餐饮业	100	2000	—
物业管理	300	1000	信息传输业	100	1000	—
批发业	20	5000	软件和信息技术服务业	100	1000	—
零售业	50	500	房地产开发经营	—	1000	5000
交通运输业	300	3000	建筑业	—	6000	5000
仓储业	100	1000	租赁和商务服务业	100	—	8000
邮政业	300	2000	其他行业	100	—	—

注：在对小微企业进行判定时，除了房地产开发经营、建筑业及租赁和商务服务业之外，通知中均是以从业人数和营业收入两项作为划分标准，没有采用资产总额这一指标。

资料来源：《关于印发中小企业划型标准规定的通知》（工信部联企业〔2011〕300号）。

3.3.1.2 微型金融通过服务小微企业促进人口城镇化

小微企业是我国吸收城乡人口就业的主力军，《中国小微企业发展报告》显示，我国有劳动力8亿人，小微企业解决了1.5亿人口的就业问题，并且在新增就业和再就业中的70%以上都集中于小微企业[①]。微型金融为小微企业提供金融服务，能够促进小微企业发展，从而能够吸纳更多的农民工就业，推进了人口城镇化。同时，农业企业特别是农业小微企业得到微型金融支持，提高了机械化程度，有利于形成农业规模经济，促进剩余劳动人口向第二、第三产业转移，推动人口城镇化。此外，资本的逐利性会引导资源优化，促进小微企业自身实现升级、变革、创新，并因此不断创造新的就业岗位，吸纳城乡劳动力就业，推进人口城镇化。更进一步地，微型金融发展对劳动力就业的拉动实际上可以分为直接拉动和间接拉

---

① 数据来源于 http://finance.china.com.cn/roll/20140405/2313566.shtml。

动，间接拉动就是前述的微型金融提供的资金支持促进了小微企业发展，而小微企业大多都属于劳动密集型企业，并且大多都分布于第三产业，会吸纳较多的劳动力就业。其对就业的直接拉动则体现在微型金融机构发展迅速，其本身就能吸纳一部分劳动力在金融这个属于第三产业的行业就业。总之，微型金融通过服务小微企业促进了就业，从而加快了人口城镇化的进程。

3.3.2 微型金融通过服务低收入群体促进人口城镇化

3.3.2.1 关于低收入群体的界定

国内外关于低收入群体一直都没有一个明确、统一的界定，因为低一定是相对于高而言，因此低收入属于一个相对的概念，从这个概念提出伊始就注定它是一个没有标准答案的问题。不过，为了政策实施中相关政策和学术研究的统一，目前国内外经济组织、政府机构等还是努力在划定相对统一的标准，但这个界定标准在国内外就有好多种，通常采用的界定方法有：①按照国际贫困标准划定，又叫收入比例方法，是以一个国家或地区社会中位收入或平均收入的50%作为贫困线。②恩格尔系数法。按照联合国粮农组织给出的恩格尔系数标准衡量人们生活水平的高低，一般恩格尔系数在60%以上时被界定为贫困。③"五分位法"和"七分位法"。七分位法就是将界定区域的人口收入水平按照从高到低排列为10%-10%-20%-20%-20%-10%-10%，对应的群体分别最高、高、中等偏上、中等、中等偏下、低、最低，低收入群体包括低和最低即最后的两个10%的人口。五分位法则是把七分位法中前两个10%和后两个10%统一合并为20%。④绝对量化的标准。世界银行于1990年提出了"1天1美元"的国际贫困标准和"1天2美元"的低收入标准，2005年又将国际贫困标准上调至"1天1.25美元"，2015年世界银行再次将国际贫困线上调至"1天1.9美元"。我国曾在1985年将年人均纯收入200元定为贫困线，2009年将这一标准提高至1196元，2011年国家统计局将年收入2300元作为农村扶贫标准。国家在1997年开始实行的城市居民最低保障制度，纳入低保的就被视为城市贫困人口，不过全国各省份在执行时具体的低保标准都不一样。很显然，虽然绝对量化标准对贫困的界定有了很明确的一条线，但这条线在同一时期会因各省份经济发展水平的不同而不同，对各省份自身而言，这条线也会随着经济的发展而不断调整。

综上所述可以发现，贫困和低收入标准并不是一个既定不变的量，且度量口径繁杂。还需要注意的是，贫困和低收入是两个不同的概念，低收入的口径要远远大于贫困的口径。因此，仅就我国而言，微型金融服务对象针对的个人和家庭也只能是一个大体的模糊的范围。

3.3.2.2 微型金融通过服务低收入群体促进人口城镇化

微型金融为城乡低收入群体提供储蓄、贷款、理财、汇兑等中介服务，通过这些金融服务，既培育了低收入群体的金融意识、理念，拓展了金融及相关的知识，也通过具体的服务，特别是储蓄和贷款服务，提高了低收入群体的生存和生产能力，从而推动人口城镇化的进程。

首先，微型金融会提高低收入群体的生存能力，进而提升人口城镇化率。微型金融一个重要的使命或功能就是扶贫，其为低收入群体提供小额度的、抵押担保方式灵活的消费或生产贷款，使低收入者获得消费的机会；并因为有了资金支持才可能有机会通过自我雇佣劳动或者受雇佣劳动，实现就业、实现脱贫。在自我雇佣或受雇佣的过程中，一部分农业人口会选择进城务工，促进了劳动力由农村向城市的转移，提高了人口城镇化率。

其次，微型金融能够提高低收入群体的生产能力。在微型金融资金支持下，一部分人会成功实现自主创业，这不仅提升了个人创造财富的能力，并且可以通过创办小微企业带动其他人口就业。无论是自主创业还是受雇佣，在就业状态下，随着劳动时间的增长、生产经验的积累，低收入群体的劳动技能、劳动效率都会得到提升，这一方面会使得农村出现更多的剩余劳动力，这些劳动力向城市的转移会促进人口城镇化率提高；另一方面，劳动技能和劳动效率的提高都具有外溢性，能够促进全国城乡劳动生产力得到提升，从而促进全国人民收入水平普遍提高，城乡差距、贫富差距逐步缩小，利于新型城镇化追求的协调、统筹、一体化目标的实现。

总之，微型金融服务低收入群体，也是通过促进就业和创业，推动人口城镇化进程。

微型金融发展对人口城镇化的作用可以通过图 3-5 做简要概括。

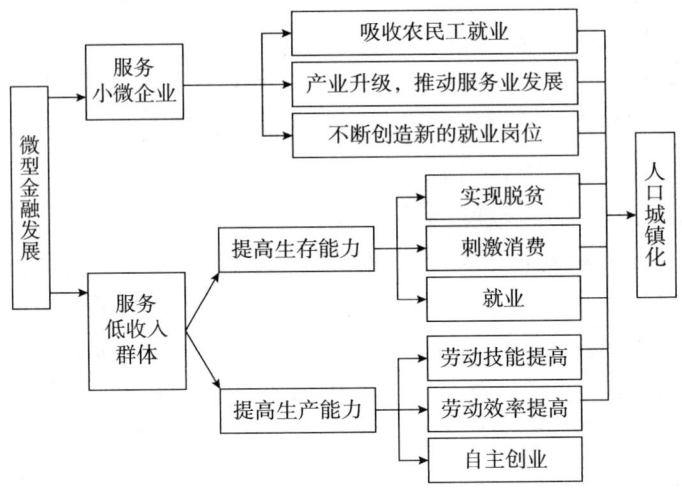

图 3-5 微型金融发展促进人口城镇化进程的作用机理

4 人口城镇化与微型金融发展关系的实证研究
——以山东省为例

4.1 山东省经济、城镇化与金融发展概况

4.1.1 山东省经济发展概况

4.1.1.1 最直观的指标——GDP 与人均 GDP

从 GDP 角度考察山东省的经济发展水平,除了 1978 年山东省 GDP 在全国排第四名外,1979~2015 年,山东省 GDP 排名始终位于全国前三(见表 4-1)。

表 4-1 1978~2015 年山东省 GDP 及全国排名

年份	GDP（亿元）	GDP 增长率（%）	GDP 全国排名	人均 GDP（元）	人均 GDP 增长率（%）
1978	225.45	—	第四	316	—
1979	251.60	6.6	第三	350	5.6
1980	292.13	12.2	第三	402	11.2
1981	346.57	5.8	第二	472	15.3
1982	395.38	11.3	第一	531	9.8
1983	469.83	13.9	第一	611	12.6
1984	581.56	17.4	第一	765	16.3

续表

年份	GDP（亿元）	GDP 增长率（%）	GDP 全国排名	人均 GDP（元）	人均 GDP 增长率（%）
1985	680.46	11.4	第一	887	10.3
1986	742.05	6.3	第二	956	5.0
1987	892.29	13.8	第二	1131	12.0
1988	1117.66	12.5	第三	1395	10.8
1989	1293.94	4.0	第三	1595	2.7
1990	1511.19	5.3	第二	1815	2.5
1991	1810.54	14.6	第二	2122	11.9
1992	2196.53	16.9	第二	2556	16.1
1993	2770.37	21.9	第三	3212	19.9
1994	3844.50	16.3	第三	4441	15.8
1995	4953.35	14.2	第三	5701	13.6
1996	5883.80	12.1	第三	6746	11.6
1997	6537.07	11.1	第三	7461	10.6
1998	7021.35	10.8	第三	7968	10.1
1999	7493.84	10.0	第三	8483	9.7
2000	8337.47	10.5	第三	9326	9.0
2001	9195.04	10.1	第三	10195	9.1
2002	10275.50	11.6	第二	11340	11.2
2003	12078.15	13.7	第三	13268	12.9
2004	15021.84	15.3	第二	16413	14.7
2005	18366.87	15.0	第二	19934	14.5
2006	21900.19	14.7	第二	23603	13.9
2007	25776.91	14.2	第二	27604	13.5
2008	30933.28	12.0	第二	32936	11.4
2009	33896.65	12.2	第三	35894	11.6

续表

年份	GDP（亿元）	GDP 增长率（%）	GDP 全国排名	人均 GDP（元）	人均 GDP 增长率（%）
2010	39169.92	12.3	第三	41106	11.3
2011	45361.85	10.9	第三	47335	9.9
2012	50013.24	9.8	第三	51768	9.2
2013	55230.32	9.6	第三	56885	9.0
2014	59426.59	8.7	第三	60879	8.1
2015	63002.33	8.0	第三	64168	7.3

资料来源：山东省统计局《山东统计年鉴》(2016)。需要说明的是：①人均 GDP 应该是用 GDP 除以户籍人口数获得的，不过，根据统计年鉴给出的 GDP 和户籍人口数量自行计算，得到的人均 GDP 有许多年度与统计年鉴中的数据有个位数到十位数的差异。考虑到使用数据进行计量分析时能与其他学者研究采用的数据一致，这里的人均 GDP 依然使用了统计年鉴中的数据。②统计年鉴中的 GDP 和人均 GDP 均是按照当年价格计算的，增长率则是以上一年度为 100 计算的。

从表 4-1 可以看到，改革开放以来，山东省 GDP 和人均 GDP 都呈现出较快的增长态势。从各年度 GDP 绝对量上看，大体可以划分为三个阶段（见图 4-1）：1978~1993 年，这一阶段 GDP 增速年度间波动较大，GDP 绝对值整体不高，在 3000 亿元以内；1994~2005 年，这一阶段由于经济周期的波动，特别是 1997 年东南亚金融危机的影响，GDP 增速呈现"U"形变化，GDP 绝对量接近 2 万亿元；2006~2015 年，GDP 绝对量年度差额基本保持平衡，其增长曲线接近线性，而 GDP 增速呈现下滑趋势。

4.1.1.2 其他经济指标状况

除了使用 GDP 非常直观清晰地看到山东省改革开放以来最基本的经济发展状况，我们还可以使用诸如人口、就业、金融发展等指标对山东省的经济发展有一个更全面的认知。考虑到数据的有效性，利用《山东统计年鉴》的数据，选取了 2000 年和 2015 年的一些指标进行对比，考察山东省经济发展的各个方面（见表 4-2）。

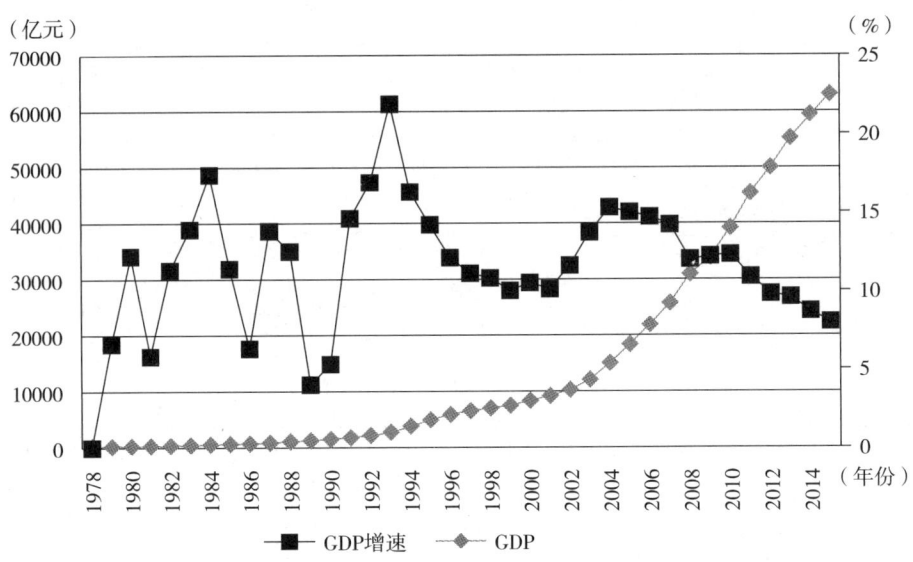

图 4-1　山东省 1978~2015 年 GDP 增长曲线

表 4-2　山东省经济发展数据比较

指标		2000 年	2015 年	增幅（%）
户籍人口	农业人口（万人）	6566	5120	-22.02
	非农业人口（万人）	2409	4702	95.18
就业状况	乡村就业（万人）	3617.1	3376.6	-6.65
	城镇就业（万人）	1825.2	3255.9	78.39
居民消费水平	平均工资（元）	8772	57270	400.50
	农村居民（元）	2118	12651	357.90
	城镇居民（元）	5603	26993	269.32
全社会固定资产投资额（亿元）		2542.65	48312.46	1356.62
能源生产总量（万吨标准煤）		9648.75	14632.77	51.65
公共财政预算收入（亿元）		463.68	5529.33	814.17
公共财政预算支出（亿元）		613.08	8250.01	931.60
金融机构人民币存贷款	存款余额（亿元）	7471.2	74524.16	664.68
	贷款余额（亿元）	6209.05	55437.00	584.50

续表

指标		2000年	2015年	增幅（%）
总产值	农林牧渔业（亿元）	2294.4	9549.60	219.07
	工业（亿元）	12509.9	145964.2	794.47
	建筑业（亿元）	498.71	3664.86	463.36
交通运输	铁路通车里程（千米）	2672	4863	82.00
	公路通车里程（千米）	70686	263447	272.70
	内河通航里程（千米）	1476	1150	-22.09
教育（这里的高校仅指普通高校，不含中专及成人高等教育类）	普通高校数量（所）	58	143	146.55
	普通高校专任教师（人）	24764	104724	322.89
	普通高校在校学生（人）	303826	1900612	525.56
	中学专任教师（人）	350353	390059	11.33
	中学在校生（万人）	678.60	479.93	-29.28
	小学专任教师（人）	408200	396368	-2.90
	小学在校生（万人）	774.88	674.63	-12.94
卫生、文化	卫生机构床位数（万张）	21.5	51.9	141.40
	医生数（万人）	14.5	23.7	63.45
	图书馆数（个）	133	154	15.79
	博物馆数（个）	59	312	428.81
贸易	国内消费品零售总额（亿元）	3264.05	27761.41	552.02
	海关出口总值（万美元）	1552905	14406069	611.17
	海关进口总值（万美元）	946093	9768798	691.55

注：表中最后一列中用货币计量的增幅数据是以1978年作为基期，分别将2000年和2015年的数据剔除物价变动的因素后，计算得到的。

资料来源：根据山东省统计局《山东统计年鉴》（2016）整理计算得出。

利用表4-2数据可以对2000年以来山东省经济发展情况做出更深入、全面的认知。纵览各类别经济发展，贸易的表现最为突出，无论是国内消费品零售总额还是进出口贸易，增幅都在6倍左右，说明山东省的市场经济较为活跃，市场深度和广度都较好。与此同时，金融机构存贷款余额增幅也在6倍左右，这一方面说明居民对金融中介的使用和依赖度提高，另一方面金融市场活跃也应该是促进贸易活跃的原因之一。从总产值指标看，工业增幅强劲，再配合全社会固定资产投资额这一指标，很显然可以证明山东省的工业、制造业等发展迅猛，既是一个农业大省，工业、制造业也同样领先全国。从户籍人口分布、就业和消费水平看，都能体现出比较明显的城镇化加速的迹象；再观察居民消费水平的变化，会发现农村居民消费水平增幅更大，这既有可能说明农村市场经济发展较好、交换范围扩大，也有可能说明城乡差距在逐步缩小。从教育的角度看，高等教育扩张明显，而中小学在校学生数量呈现萎缩状态，这个数据也让我们看到了全国共存的人口问题，特别是人口问题中的出生率偏低且呈下降趋势这一状况在山东省表现得还是比较明显的。在各类数据当中，除了高居榜首的固定资产投资增幅第一，达到1356.62%之外，这15年来涨得最快的就要数公共财政收支了，当然公共财政支出的大幅增加也支撑了固定资产投资的快速增长，特别是由政府投资的基础设施建设、公共服务的供给，肯定带动其他行业的快速发展。

但是也应看到，与政府收入巨幅增长相对应的，是城乡居民工资收入和消费水平的增长都远远落后于财政收支。消费是拉动经济增长最核心最首要的因素，一个良性循环的经济体，其GDP中消费占比往往会达到并超过50%。但仅就山东省2015年数据看，GDP为63002.33亿元，而消费支出为20684亿元（含政府消费），占比仅为32.83%，还不到GDP的1/3，因此，调整经济发展结构、刺激并拉动消费才是山东省经济长期持续稳定发展的保证。

4.1.2 山东省人口城镇化发展概况

城镇化率是度量城镇化水平的核心指标。按照国家统计局的规定，通常所说的城镇化率实际上是常住人口城镇化率，与之对应的还有户籍人口城镇化率指标，二者计算公式分别为：常住人口城镇化率=城镇常住人口/常住总人口，户籍人口城镇化率=城镇户籍人口/户籍总人口。

虽然山东省GDP在全国排名中一直名列前茅，但是作为一个农业大省，农业人口众多，由国家统计局公布的常住人口城镇化率数据可知，山

4 人口城镇化与微型金融发展关系的实证研究——以山东省为例

东省1978年的城镇化率仅为13.6%。此后随着经济发展，山东省城镇化率虽然缓步稳定提升，但在相当长的时间内，由于第一产业比重过高，山东省城镇化率始终低于全国平均水平，直到2013年才首次超过全国平均水平，人口城镇化率达到53.75%。根据诺瑟姆的城镇化发展三阶段论判断，山东省城镇化进程从1993年开始进入城镇化发展的第二阶段——加速发展阶段。同时，按照《山东省城镇体系规划（2010～2030年）》提到的目标，到2030年，山东省全省城镇化率要达到75%，在20年间，常住人口城镇化率从2010年的49.71%提高到2030年的75%，每年城镇化率增长率约1.26个百分点，按照这个速度计算，山东省城镇化加速发展阶段将持续到2026年左右。

表4-3 1978～2015年山东省城镇化率数据

年份	户籍总人口（万人）	城镇户籍人口（万人）	户籍人口城镇化率（%）	户籍人口城镇化增长率（%）	常住总人口（万人）	常住城镇人口（万人）	常住人口城镇化率（%）	常住人口城镇化增长率（%）
1978	7160	627	8.76	—	—	—	—	—
1979	7232	661	9.14	0.38	—	—	—	—
1980	7296	691	9.47	0.33	—	—	—	—
1981	7395	736	9.95	0.48	—	—	—	—
1982	7494	774	10.33	0.38	—	—	—	—
1983	7564	811	10.72	0.39	—	—	—	—
1984	7637	936	12.26	1.54	—	—	—	—
1985	7695	1017	13.22	0.96	7711	1710	22.17	1.01
1986	7776	979	12.59	-0.63	7818	1784	22.82	0.65
1987	7889	1045	13.25	0.66	7958	1896	23.82	1.00
1988	8009	1307	16.32	3.07	8061	2018	25.04	1.22
1989	8181	1483	18.13	1.81	8160	2164	26.52	1.48
1990	8424	1578	18.73	0.6	8493	2308	27.17	0.65
1991	8534	1650	19.33	0.6	8570	2431	28.37	1.20

续表

年份	户籍总人口（万人）	城镇户籍人口（万人）	户籍人口城镇化率（%）	户籍人口城镇化增长率（%）	常住总人口（万人）	常住城镇人口（万人）	常住人口城镇化率（%）	常住人口城镇化增长率（%）
1992	8580	1761	20.52	1.19	8610	2531	29.40	1.03
1993	8620	1896	22.00	1.48	8642	2636	30.50	1.10
1994	8653	2079	24.03	2.03	8671	2740	31.60	1.10
1995	8701	2170	24.94	0.91	8705	2851	32.75	1.15
1996	8747	2263	25.87	0.93	8738	2962	33.90	1.15
1997	8810	2310	26.22	0.35	8785	3026	34.45	0.55
1998	8872	2296	25.88	-0.34	8838	3093	35.00	0.55
1999	8922	2322	26.03	0.15	8883	3249	36.58	1.58
2000	8975	2409	26.84	0.81	8997	3433	38.16	1.58
2001	9024	2517	27.89	1.05	9041	3544	39.20	1.04
2002	9069	2634	29.04	1.15	9082	3660	40.30	1.1
2003	9108	2833	31.10	2.06	9125	3814	41.80	1.5
2004	9163	2951	32.21	1.11	9180	3993	43.50	1.7
2005	9212	3147	34.16	1.95	9248	4162	45.00	1.5
2006	9282	3228	34.78	0.62	9309	4291	46.10	1.1
2007	9346	3436	36.76	1.98	9367	4379	46.75	0.65
2008	9392	3532	37.61	0.85	9417	4483	47.60	0.85
2009	9449	3548	37.55	-0.06	9470	4576	48.32	0.72
2010	9536	3839	40.26	2.71	9588	4765	49.71	1.39
2011	9591	3945	41.13	0.87	9637	4910	50.95	1.24
2012	9580	4021	41.97	0.84	9685	5078	52.43	1.48
2013	9612	4130	42.97	1.00	9733	5232	53.75	1.32
2014	9747	4285	43.96	0.99	9789	5385	55.01	1.26
2015	9822	4702	47.87	3.91	9847	5614	57.01	2.00

资料来源：户籍人口数据来源于山东省统计局《山东统计年鉴》（2016），常住人口数据来源于《中国统计年鉴》（2016），并经笔者整理计算得出。

4 人口城镇化与微型金融发展关系的实证研究——以山东省为例

从表4-3中可以看到，山东省作为人口大省，户籍总人口与常住总人口差额不大，户籍人口城镇化率与常住人口城镇化率的差距也相对稳定，保持在10个百分点左右（见图4-2和图4-3）。

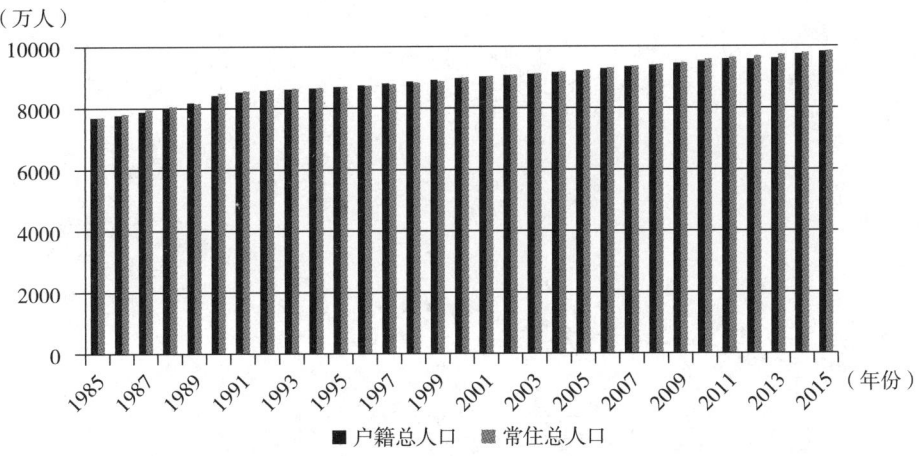

图4-2 户籍总人口与常住总人口对比

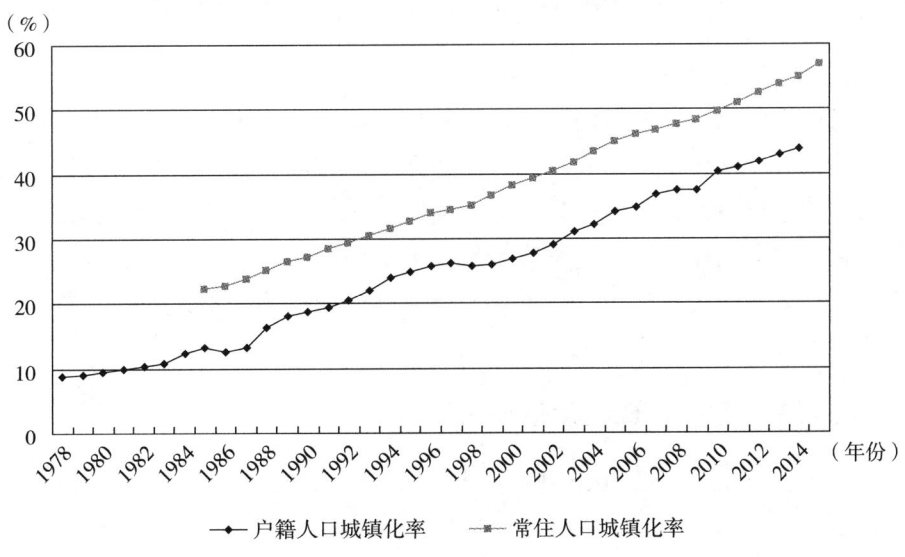

图4-3 户籍人口城镇化率与常住人口城镇化率对比曲线

户籍人口城镇化率与常住人口城镇化率的差距可以体现出人口城镇化的质量。因为在我国从1958年实行城乡户籍制度政策以来，户籍意味着义务教务、养老医疗、住房等等福利的差异。图4-4是全国户籍人口城镇化率与常住人口城镇化率情况。

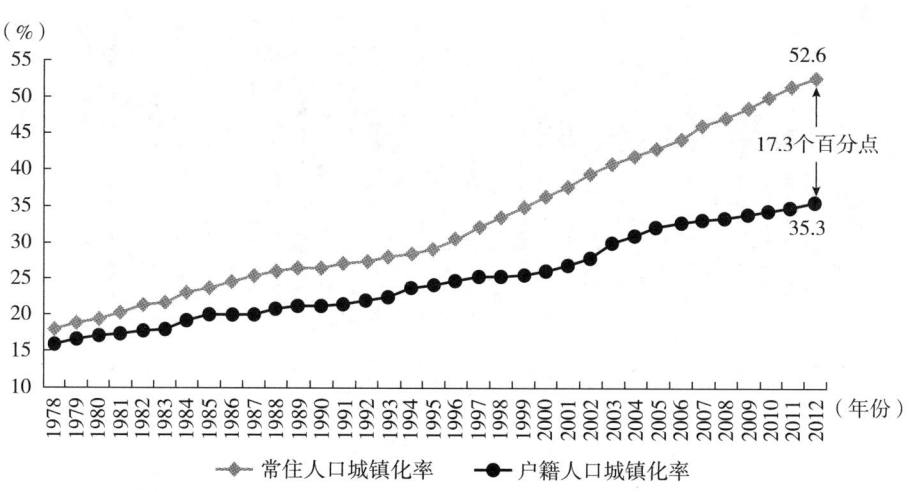

图4-4 全国户籍人口城镇化率与常住人口城镇化率的差距

资料来源：《国家新型城镇化规划（2014~2020年）》。

对比全国的户籍人口城镇化率与常住人口城镇化率会发现，山东省若干年来人口城镇化的质量基本与数量是同步前行的，特别是在全国常住人口城镇化率与户籍人口城镇化率差距逐步拉大的情况下，山东省这二者的差距基本没有变化，这一点要优于近年来全国同期水平。不过，这个变化趋势也从另一个角度说明，山东省人口整体流动性不是很强，外来务工人员变化不大。

4.1.3 山东省金融发展概况

银监会山东监管局2015年年报显示，截至2015年末，山东省银行业金融机构资产总额为97029亿元；本外币各项存款余额76795亿元，位居全国第六名；本外币各项贷款余额59063亿元，居全国第四位，其中不良贷款余额1220亿元，不良贷款较2015年初增加了224亿元，不过这个增量的全国排名由前一年度的全国第一下降至第九,整体资产质量向好。山东省银行业2007~2015年存贷款增长情况见图4-5。

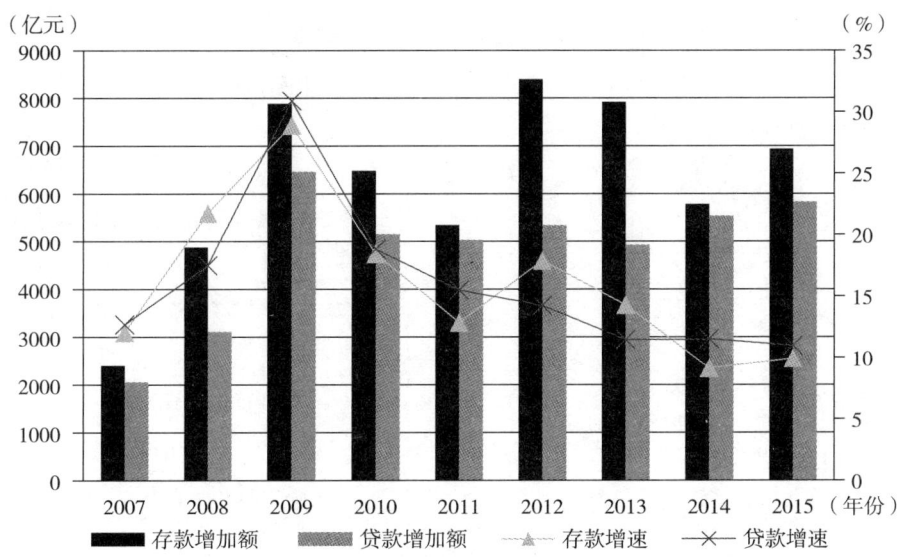

图4-5 山东省银行业2007~2015年存贷款增长情况

资料来源:图中各年度存贷款增加额分别来自《山东银监局年报(2007~2015)》,存贷款增速为整理数据计算得到。

截至2015年末,山东省有银行和非银行两大类共1326家金融机构(不含证券和保险机构),具体见图4-6。

山东省金融机构的资产构成情况见图4-7(不含证券、保险,同时因为图4-6中非银行类金融机构里面的小额贷款公司、民间融资机构和新型农村合作金融不受银监会和中国人民银行监管,其数据也未统计在内)。

从上述资料看,山东省金融机构体系由涵盖了提供多角度、多层次、多种类金融服务的金融机构组成。并且从图4-7可以看到,农村中小金融机构资产总额已经占到全省金融机构资产总量的近1/5。

银行类金融机构:
- 政策性银行3家
  ・国家开发银行
  ・农业发展银行
  ・中国进出口银行
- 国有控股大型商业银行5家
  ・工商银行
  ・建设银行
  ・农业银行
  ・中国银行
  ・交通银行
- 全国性股份制商业银行17家
  ・招商银行、平安银行、华夏银行、光大银行等（含1家筹）
- 城市商业银行16家
  ・齐鲁银行、齐商银行、烟台银行、青岛银行、北京银行济南分行、天津银行济南分行等
- 农村中小金融机构241家
  ・农村合作金融机构，如各种农村商业银行等114家
  ・新型农村金融机构127家，其中村镇银行125家，农村资金互助社2家
- 邮政储蓄银行1家
  ・中国邮政储蓄银行山东省分行
- 外资银行19家
  ・汇丰银行、渣打银行、东亚银行、恒生银行、澳新银行、德意志银行等

非银行类金融机构:
- 金融资产管理公司3家
  ・中国华融资产管理公司
  ・中国信达资产管理公司
  ・中国长城资产管理公司
- 财务公司18家
  ・中国重汽财务有限公司、南山集团财务有限公司、兖矿集团财务有限公司等
- 信托公司2家
  ・山东省国际信托有限公司
  ・陆家嘴国际信托有限公司
- 金融租赁公司2家
  ・汇通金融租赁有限公司
  ・山东通达金融租赁有限公司（筹）
- 汽车金融公司1家
  ・山东豪沃汽车金融有限公司
- 城市商业银行合作联盟1家
  ・山东省城市商业银行合作联盟有限公司
- 小额贷款公司共420家
- 民间融资机构499家
  ・民间资本管理机构446家
  ・民间融资登记服务机构53家
- 新型农村合作金融78家
  ・农民专业合作社

图 4-6　2015 年末山东省金融机构的构成

4 人口城镇化与微型金融发展关系的实证研究——以山东省为例

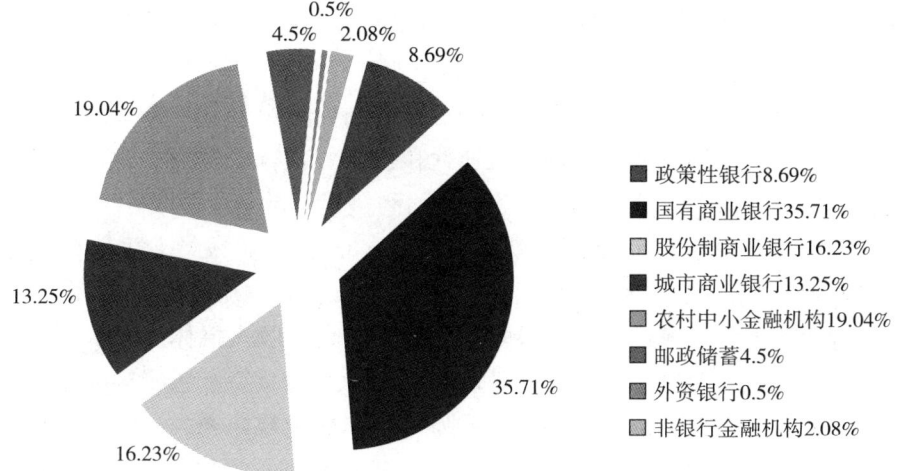

图 4-7 山东省金融机构资产分布

4.2 山东省微型金融体系发展状况

4.2.1 山东省微型金融体系的构成

如前所述，微型金融是指向小微企业和低收入群体提供的各种金融服务的总称。而向小微企业和低收入群体提供金融服务的供给者，既包括专业的微型金融机构，也包括大中型金融机构、政策性金融机构以及政府。同时，在信贷、保险、信托等各类金融服务中，小额信贷是微型金融最核心的业务，因此，本书主要研究微型金融服务中的小额信贷等银行类业务，并将提供小额信贷等银行类服务的各类机构共同视为一个完整的微型金融体系。

就山东省而言，提供微型金融服务的有政府、三大政策性银行、大型金融机构、地方性金融机构和专业性微型金融机构。

政府提供的微型金融服务主要是监管和扶贫资金的拨付，代表政府完成微型金融服务的主要是央行、银监会以及各级财政。

三大政策性银行提供的微型金融服务包括政策性扶贫以及对口的小微

企业贷款,如开发银行提供的棚户区改造贷款、大学生助学贷款,农业发展银行提供的粮棉油购销储贷款,进出口银行提供的"自借统保""统保代管""统借统还"等模式的支持小微企业"走出去"贷款。

大型金融机构包括国有商业银行和股份制商业银行,其提供的微型金融服务既包括直接提供的小微企业贷款和扶贫贷款,也包括通过入股等方式参与专业性微型金融机构的经营,从而间接提供微型金融服务。

地方性金融机构,包括城市商业银行、农村商业银行,主要是通过"三农"贷款、小微企业贷款和扶贫贷款提供微型金融服务。

专业性微型金融机构是专门面向小微企业和低收入群体服务的金融机构。它的构成相对复杂,为了更清晰地分析专业性微型金融机构的服务状况,在此将专业性微型金融机构划分为正规和非正规两大类。关于正规与非正规金融机构的划分,国内学者一直是有争议的,例如有的学者将各种银行类金融机构视为正规金融,将民间融资视为非正规金融(林毅夫、孙希芳,2005;孙玉奎、冯乾,2014);也有的学者直接依据是否经国家金融管理部门批准判断,国家金融管理部门批准的就是正规金融,体制外的就是非正规金融(胡金焱,2004);还有的学者以是否是国有股份占主体作为区分标准(阙洪潮,2009)。本书认为,从监管的角度划分正规与非正规金融机构更适合中国的国情。不过,因为正规与非正规的区分主要存在于专业性微型金融机构,而随着专业性微型金融机构以及新兴的金融机构不断涌现,国家各个层次的监管也在逐步修正、改进,因此,仅仅是"国家金融管理部门"这个界定就比较模糊,所以,结合本书重点关注信贷类金融机构这一核心,本书将正规与非正规微型金融机构的划分标准界定为是否接受银监会的监管,属于银监会监管的微型金融机构就是正规的,不在银监会监管范围内的即为非正规的。例如,山东省正规的专业微型金融机构有村镇银行、农村资金互助社;非正规的专业性微型金融机构则包括接受山东省金融工作办公室监管的小额贷款公司、农民专业合作社以及未纳入山东省金融工作办公室监管的民间的各种农民专业合作社。

山东省微型金融体系的构成可以通过图4-8做简要概括。

4 人口城镇化与微型金融发展关系的实证研究——以山东省为例

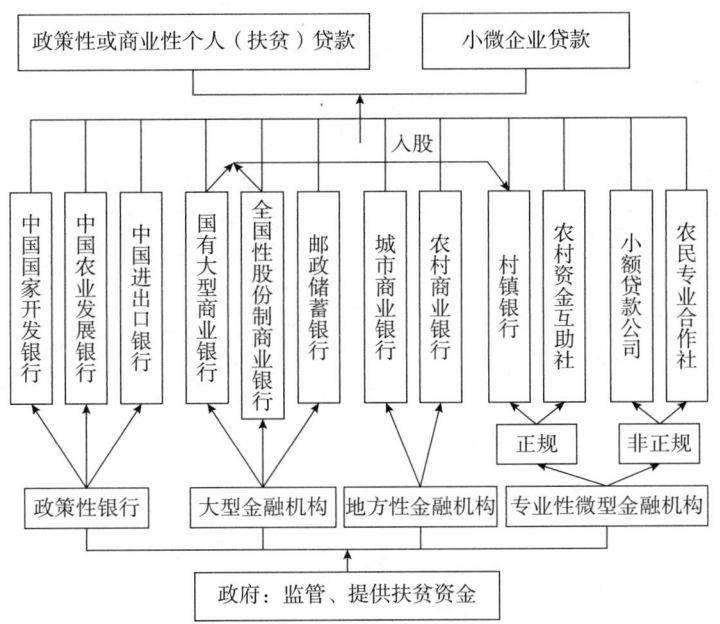

图4-8 山东省微型金融体系

4.2.2 山东省微型金融体系发展现状

（1）专业性微型金融机构发展迅速，数量居全国之首。我国是2005年开始进行商业性小额贷款公司试点，2006年银监会又发布了《关于调整放宽农村地区银行金融机构准入政策的若干意见》，在农村地区新设了村镇银行、贷款公司和农村资金互助社，从那时起这四类金融机构成为目前提供微型金融服务的专业性机构。这四类微型金融机构在创立、监管等方面有所差异，在此使用中国人民银行赤峰市中心支行课题组王建民等（2009）绘制的新型农村金融机构监管框架对比图对这四类金融机构做一个大体描述，其中由于相关政策调整，对一些条件进行了修改（见表4-4）。

表 4-4 微型金融机构监管框架对比

		银行类金融机构			非银行类金融机构
		村镇银行	贷款公司	农村资金互助社	小额贷款公司
	批准单位	银监局注册			当地工商局注册
设立门槛	注册资本金（元）	县（市）≥300万 乡镇≥100万	≥50万	乡（镇）≥30万 村≥10万	有限公司≥500万 股份公司≥1000万
	股东人数	依《公司法》		≥10人	依《公司法》
	股东资格	须由银行业金融机构发起	须由商业银行或农村合作银行全额出资	自愿入股的农民和农村中小企业	任何合法资本，但从银行业融资余额不得超过净资本的50%
	股权结构	主发起行持股比例≥15%；其他单一股东持股比例≤10%		单一股东持股比例≤10%	
经营限制	存款准备金	参照当地农村信用社	无	暂不缴纳	无
	存贷款利率	为防止恶性竞争，加入由商业银行自发形成的市场利率定价自律机制	—	同村镇银行，加入山东省利率定价自律机制	—
	政府补贴	上年贷款平均余额的2%			无
	其他	不得异地贷款	不得异地经营，不得吸收存款	为社员提供服务	不得异地经营，不得吸收存款
	监管单位	银监局、中国人民银行			省金融工作办公室

注：表中的各项具体表述均是按照中国人民银行和银监会的最新规定整理的，与2006年、2008年陆续出台的一些规定有所不同。

资料来源：中国人民银行赤峰市中心支行课题组王建民等（2009）"新型农村金融机构监管框架对比图"，村镇银行政策法规汇编。

目前，山东省境内的专业微型金融机构又可以分为正规和非正规两大类，其中正规的专业微型金融机构就是表4-4中的村镇银行和农村资金互助社①，截至2015年末，全省村镇银行125家，农村资金互助社2家，各类贷款余额335.4亿元，其中农户和小微企业贷款余额占比达到95.29%②。山东省还有小额贷款公司和农民专业合作社两种民间非正规专业微型金融机构③，规模最大的就是2006年开始培育发展的小额贷款公司，到2015年末已有420家，数量居全国首位；各类贷款余额68.86亿元④。与此同时，山东省在2015年还开始尝试进行新型农村合作金融试点工作，由山东省金融工作办公室负责监管，到2015年底共组建78家农民专业合作社，截至12月末，全省累计发生互助业务556笔，互助金额1748.4万元；互助金余额454笔、1368万元⑤。农民专业合作社的建立，弥补了山东省内源性微型金融机构不足的缺陷，是对处于体制内的农村资金互助社服务的极大补充。

（2）开展微型金融服务的金融机构众多，地域覆盖面广。山东省提供微型金融服务的机构除了前面的专业性微型金融机构外，众多的大型银行和地方金融机构也不断拓展了向小微企业提供金融服务的业务。例如，截至2016年末，农业银行小微企业贷款余额337.56亿元，比年初增加43.69亿元，增速14.87%，高于该行全部贷款增幅12.47个百分点。截至2015年底，工商银行在济南、烟台等9个地市分行设立专门的小微金融业务中心，累计为5600余户小微企业提供贷款460余亿元；全省城商行小微企业贷款占全部贷款余额的55.37%；邮政储蓄银行小微企业贷款占比

---

① 虽然银监会2006年文件提及贷款公司，也说明了贷款公司与小额贷款公司的差异，不过到2007年全国只有4个省份被批准开设了贷款公司进行试点，截至2014年末，全国也只有14家贷款公司在营运，其余更大数量的习惯上称之为小贷公司或者贷款公司的都是不属于银行体系的小额贷款公司。山东省运营中的全部是小额贷款公司。（贷款公司数据资料来源于《中国金融年鉴2015》）

② 数据来源于中国人民银行济南分行。

③ 图4-2中显示，截至2015年末，山东省还有由民间资本管理机构和民间融资登记服务机构构成的共499家民间融资机构，不过，这两种机构前者主要业务都是融资量相对较大、小额贷款公司不能承担的项目，所以无论从服务对象还是从融资额度的角度看，都不属于微型金融机构；后者则是对民间的小型金融机构提供融资对接的中介服务，不直接面向非金融的小企业和个人，所以将其划入专业的微型金融机构中也不合适。

④⑤ 数据来源于山东省金融工作办公室。

23.73%;农商行小微企业贷款占比46.45%①。从金融机构所在地域考察,城商行和农商行还有前面提到的村镇银行、小额贷款公司等均已实现县域全覆盖;股份制商业银行实现覆盖接近90%的县域经济区;大型银行的县域支行及以下机构占比也接近50%。值得一提的是,这些大型银行、地方性金融机构纷纷通过创新服务网点、服务方式的办法力争使服务点渗透到每一个村庄。例如,农业银行在全省范围内推出设立"惠农通"服务点行动,仅农行烟台蓬莱支行在2016年11月末就设立惠农通服务点457个,办理惠农通业务1.56万笔,总额540.56万元,每笔约346.51元。又如,烟台银行2016年10月在牟平区设立10个"惠农金服助农取款服务便利店",为当地居民提供存取款、现金及转账汇款、代理缴费、开通手机银行、打印明细等便民服务,开业当天办卡429张、开通手机银行78个、个人网银56个、取款61笔共4万余元。从金融机构的这种地域分布以及大、中银行小额贷款业务的开展案例可以看出,山东省金融业服务重心向金融服务薄弱地区下沉的倾向比较明显,发展普惠金融的理念较为突出。

(3)创新贷款形式,多类型金融机构联手服务,提高了贷款的安全性。微型金融面对的客户都属于相对弱势的小微企业、农民、城乡低收入户等,这些客户往往在贷款担保方面也存在各种问题,并因此可能会导致放款机构金融风险的发生和增大。为此,山东省内的各类型金融机构通过创新贷款种类、担保方式、开展保理业务等来提高贷款的安全性。

在小微企业中,新兴的科技类企业较多,而科技、文化类企业特别是刚成立、刚起步发展的小企业,大多都存在资产评估困难从而导致贷款难的问题。为此,济宁银行专门在2011年开设了一家科技支行,针对科技小企业的特点采取灵活的抵押担保方式,截至2016年8月末,引进担保机构7家;先后推出知识产权质押贷款、中小企业自身股权质押贷款、应收账款质押贷款、担保公司担保贷款、股东个人贷款、订单融资6种信贷创新产品,累计授信额度58.4亿元,贷款余额10.2亿元,银行承兑汇票余额3.22亿元,贷款需求满足率达94.1%。

为了降低金融机构贷款风险,"互保"一直是小微企业贷款最常采用的担保方式,但是"互保"虽然在一定程度上降低了金融机构的放款风

---

① 数据来源于中国人民银行济南分行。

险，却也可能导致一个企业违约后其担保企业被追究连带担保责任而影响到担保企业正常的生产经营，这种状况一方面使原本正常生产经营的担保企业因此陷入困境，另一方面会导致企业间寻求担保企业越发艰难。为此，人民银行推动县域农商行开展评级、授信、保理三个独立点构成一个服务链条的混搭式小微金融创新服务，具体操作办法是：由独立的信用管理公司对拟授信的小微企业进行外部评级，农商行根据评级情况授信，再联合资产保理公司开办保理业务。

除了授信、评级、保理三方共同参与小微企业贷款外，更多的微型金融贷款都采取了引入保险（公司）的办法。例如，2015 年，山东省在 34 个县派第一书记帮扶县开展扶贫小额信贷试点，就将山东省农业融资担保有限公司引进来提供担保。同样在 2015 年，经财政部批准，山东省筹集财政资金 1000 万元，在临沂市临沭县设立首只县级"农业综合开发产业化经营项目贷款担保基金"，为处于起步阶段、尚无抵押能力的新型农业经营主体利用银行贷款发展农业优势特色产业提供担保。担保基金具体做法是政府引导与市场化运作结合，贷款主体须先向县级农发机构申报项目，经审查核准后申请担保服务。农发机构向合作银行和担保公司推荐贷款申报项目。对银行同意贷款的项目，由担保公司提供担保服务。同时，对申请担保服务且符合农业综合开发贴息政策的项目，可申请贷款贴息补助，并在同等条件下优先贴息。贷款本息一旦出现损失，由担保基金和担保公司、合作银行三方按规定比例分担，损减的担保基金由试点县财政资金及时补足。

"两权"抵押开始成为农村小额贷款使用的担保方式。2015 年 8 月，国务院以国发〔2015〕45 号文《国务院关于开展农村承包土地的经营权和农民住房财产权抵押贷款试点的指导意见》开始推进"两权"抵押工作；2016 年 3 月，中国人民银行又联合财政部、农业部等多部委印发了《农村承包土地的经营权抵押贷款试点暂行办法》和《农民住房财产权抵押贷款试点暂行办法》，在全国正式进行两权抵押贷款试点。山东省 10 个县（市、区）作为试点地区，开展了试点工作。仅山东省农业银行就在 2016 年办理了 1.6 万亩农村承包土地经营权抵押，发放贷款 2.4 亿元。试点地区之一的武城农商行，截至 2016 年 10 月共办理"两权"抵押贷款 94 户、2747 万元。调研发现上述这些贷款基本上都是使用的农村承包土地的经营权确权后进行的抵押贷款,基本没有以农民住房财产权作为抵押的贷款,表现出很明显的"两权偏向一权"的倾向。对于放弃利用农民住房处置权做抵押,主要是基于我国农村实行的"一户一宅"制度,即农民只有一处宅基地、只能盖一处房屋,如果以农房作为抵押物,当投资出现风险的时候,虽然在理论上和法理上银行可以收回农户的房屋,可现实情况是如果把房屋收走,农民就无处栖身,会造成更大的社会问题。因此实际操作中,几乎都是以确权的土地经营权作为抵押,个别采用住房作抵押的,放款银行实际上依赖的是借款人的信用(刘守英,2016)。

为了解决个人贷款的担保和安全性,一些金融机构创新推出以家庭为贷款对象的"家庭贷",例如一个家庭养殖户只用其已经工作的子女提供担保,博兴农商行便为其发放了6万元贷款。更进一步地,在"家庭贷"基础上,还有些金融机构直接设立"家庭银行",也就是不仅提供贷款,而且以整个家庭的资产、负债、收支及所有家庭成员的信用为基础,为家庭提供存贷款、结算、理财等多种服务。

推出小额贷款保证保险,解决小额贷款担保问题。小额贷款保证保险,是指小微企业、农业种养殖大户和农村各类生产经营性合作组织以及城乡创业者在申请流动性贷款时,向保险公司投保,银行以保单作为担保方式向投保人发放贷款,当贷款人未按合同约定履行还贷义务并在等待期结束后,由保险公司按照相关约定承担贷款损失赔偿责任的保险业务。2015年7月,山东省财政厅和山东省金融工作办公室联合发文《山东省小额贷款保证保险补贴资金管理暂行办法》,鼓励大保险公司开展小额贷款保证保险业务,对开办小额贷款保证保险业务的保险公司,省财政安排专门的资金进行保费补贴和超赔风险补偿。

(4)单笔微型金融信贷额度有逐步提高的趋势。随着经济发展,微型金融的授信额度起点在悄然提高。阳谷县农商行在2013年曾为金斗营乡子路堤村11户双孢菇养殖农户提供了总额30万元的扶贫贷款,用于建大棚。2016年,还是这11户双孢菇养殖户,一方面是大棚使用三年已经破旧需要更新,另一方面是农户们3年养殖是成功的,但因养殖规模小、产量有限,挣的钱用于日常开销后盈余部分不够支撑扩大养殖规模,所以阳谷县农商行又为这11户农户提供了总额150万元的"富民生产贷"。从这个案例不难看出,一方面,微型金融使得有能力但缺资金的低收入群体获得资金后生产生活得到改善；另一方面，随着生产能力扩大、生活水平提高，贷款人对微型金融单笔需求额度也会提升。

4.2.3 山东省微型金融扶贫状况研究

4.2.3.1 微型金融的扶贫功能主要由大型金融机构承担

截至2015年末，山东省全省累计发放扶贫资金504.4亿元，其中70%以上是由农业发展银行、农业银行、农商行三大涉农金融机构承担的，不足30%的扶贫贷款则是由工商银行、村镇银行等其他各类大小金融机构承担下来。例如，截至2016年11月末，农业发展银行各项贷款余额1800.3亿元，其中符合人民银行认定标准的扶贫贷款余额142.5亿元，占全部贷款的7.9%，惠及贫困人口15.8万人。又如截至2016年末，农业银行山东省分行在全省31个扶贫重点县、20个扶贫任务较重的县，贷款余额分别增加33.6亿元和40.6亿元，增速分别高于该行其他贷款5.92个和10.35个百分点。累计支持建档立卡贫困户1.25万户，精准扶贫农户贷款余额6.17亿元，较年初增加1.32亿元①。还有国家开发银行截至2015年末累计发放大学生助学贷款11亿元，支持学生达到百万人次，生均贷款额度约6961元②。

4.2.3.2 扶贫贷款大多都采取"间接"放款方式

对于扶贫贷款，很少有将款项直接贷放给贫困户的，而是大多都采取将款项贷放给接受贫困人口就业的企业这种"间接"的方式。例如阳谷农商行面对不同状况的农户推出"富民农户贷"和"富民生产贷"两种不同形式的贷款，生产能力和经济能力好一些的农户可以依据诚信度、家庭收入等情况直接申请到个人贷款，即"富民农户贷"；而自主生产能力弱、家庭收入很低的农户，农商行以具有扶贫意愿的企业或新型农业经营主体为依托，推出"富民生产贷"，即这些企业每带动1户脱贫，就给予3万~5万元的低息或贴息扶贫贷款，以"授人以鱼不如授人以渔"的方式切实帮助贫困户实现脱贫。例如前面提到的阳谷县农商行为11户双孢菇养殖户前后两次扶贫贷款的发放，实际上就是上述两种贷款模式的具体应用。

---

① 数据来源于中国人民银行济南分行。
② 数据来源于山东银监局。

2013年，它们是将30万元扶贫款以"富民农户贷"形式直接贷放给这11户养殖户，将其视为生产能力较好的扶贫对象；三年后，这些养殖户生产能力进一步提高，经济水平也不在扶贫之列，但他们既有扩大再生产的需求，也有意愿带动村里其他缺乏技术和生产能力的贫困户脱贫，因此，2016年又给他们发放150万元"富民生产贷"，由这11户养殖户接收其他村民就业。

4.2.3.3 扶贫贷款的政府支撑

（1）扶贫贷款均是在政府财政支持下操作的。无论是大型金融机构还是农商行、村镇银行等中小型银行，发放的扶贫贷款均是政府部分或全额贴息，也有的是通过人民银行降低存款准备金率的办法鼓励中小金融机构发放扶贫贷款。山东省专门针对发放扶贫贷款的农商行给予低息再贷款政策，当然这种低息再贷款有严格的约束条件，要求扶贫对象必须是建档立卡的贫困户，即为了实现国家提出的精准扶贫任务。例如武城农商行2016年对建档立卡的7025户贫困户发放扶贫贷款，因此获得了人民银行3000万元、利率仅为1.75%的低息再贷款，降低了武城农商行的融资成本。

（2）扶贫贷款在实际操作中更近似于政府行为或者政治任务，而非市场经济的选择。虽然扶贫贷款有的是财政贴息，有的是央行给予低息再贷款，但因为贫困户生产能力相对较弱，还款能力弱，会导致呆坏账增多。因此，一方面，扶贫贷款存在管理费用高、收益低的问题，另一方面，小型金融机构也没有能力承担，所以才产生了基本都是由大银行承担微型金融扶贫功能这一状况。笔者在调研中听基层行信贷员反映，现在大部分银行对信贷员都实行贷款责任制，对扶贫贷款的管理与其他商业性贷款要求一样，而扶贫贷款每一笔额度都很小，申请扶贫贷款的客户基本处于相对偏远的农村，对于信贷员来讲属于高付出、低回报甚至负回报状态，因此基本都不愿意做扶贫贷款。对于上级行派下来的扶贫贷款任务，有的就在贷前信用评级环节，将扶贫对象信用等级均评为A级以下，从而终止了扶贫贷款的发放。

（3）从市场角度获取的扶贫资金，依然具有较大的公益色彩。中国人民银行在2016年4月推出扶贫专项金融债发行试点，意图利用社会的力量筹措扶贫资金。农发行协助发行，通过银行间债券市场发行了100亿元扶贫专项金融债，其中 3 年期、利率 2.63%的扶贫专项金融债额度为 30 亿元，5 年期、利率 2.98%的扶贫专项金融债额度为 70 亿元。这两个期限的金融债利率均比其他金融债券收益率低，认购金融债的机构实质上是在承担社会责任。

中国人民银行济南分行对扶贫金融债进行了进一步创新，于 2016 年 12 月在山东沂南发行了全国首单扶贫社会效应债券（Social Impact Bonds，SIBs）。SIBs 社会效应债券起源于 2010 年的英国剑桥郡，是一种基于绩效标准付费的跨部门公私合作的融资机制，主要应用于公共服务或社会事务领域。用这种方式可以在短期内以低成本筹集到大额资金，减轻政府财政资金压力、有效平衡各方利益，并且因其采用市场化方式引导资本进入公共服务或社会事务领域，又按照绩效付费，也可以吸引债券购买人关注债券投资效率，提高资金使用效率。中国人民银行济南分行在中国银行间市场交易商协会注册，采取非公开定向发行方式，总金额为 5 亿元，其中农发行投资达到 4.6 亿元，其他投资人还包括青岛银行、齐鲁银行、青岛农商银行和临商银行。发行的这款扶贫社会效应债券，采取固定利率与浮动利率组合的方式，固定利率为 3.75%，浮动利率则根据扶贫效果进行调整。这里 3.75%的固定利率同样低于同期限、同评级债券的市场估值，实际上也意味着投资人承担了社会公益的责任。不过，因为这款债券还有浮动利率，所以换一个角度讲，也意味着存在投资人对债券预期收益看好的可能，即对浮动部分充满信心。

4.3 人口城镇化与微型金融发展关系实证研究

4.3.1 指标选择及数据处理

山东省城镇化发展与金融发展是相伴随进行的，为了验证微型金融发展与城镇化发展的关系，并借此对比大型金融机构与微型金融机构在推动人口城镇化过程中所起作用的差异，在此选取城镇化率（用 UR 表示）、国有商业银行贷款余额（用 A 表示）、股份制商业银行贷款余额（用 B 表示）、城市商业银行贷款余额（用 C 表示）和农村微型金融机构贷款余额（包括农商行、村镇银行、农村资金互助社和小额贷款公司）（用 D 表示）

5组数据进行实证研究（见表4-5）。其中之所以将已经全部改组为农村商业银行的原农村信用合作社的数据均计入农村微型金融机构贷款余额进行统计，一是因为农村信用合作社最初的业务基本全部是面向农村，其贷款投向主要是农业贷款、农村乡镇企业贷款、私营企业及个人贷款，其服务对象基本都属于微型金融范畴；二是新兴的专业性的微型金融机构成立时间太短，无法独立完成时间序列模型的数据分析，与农村信用社的数据合并使用，既能保证没有偏离微型金融服务这一范畴，又能使数据时间跨度扩大。不过，农村商业银行毕竟不属于专业性的微型金融机构，所以将这组数据称为农村微型金融机构贷款余额。另外，作为专业性非正规金融机构的各类农民专业合作社的数据没有计入农村微型金融机构贷款余额统计，一是因为可获得的官方数据只有2015年的，且额度很小，只有1748.4万元，对整体数据影响不大；二是未纳入官方统计的专业合作社数量远远大于接受山东省金融办公室监管的数量，但因没有官方权威数据，为保证计量结果的客观性，在此将其舍去。又因为目前各类微型金融机构主要服务于农村，所以将这一列数据统称为农村微型金融机构贷款余额。同时，由于数据的可获得性制约，这里采用2004~2015年的数据做模型分析。

  需要进一步说明的是，选择国有商业银行、股份制商业银行、城市商业银行、农村微型金融机构这四类金融机构的贷款余额数据作为变量分析的初衷，一是将前两者视为服务城市大中型企业的金融机构，将后两者视为服务农村和小微企业的金融机构，希望通过两类金融机构的对比，考察两大类金融机构的发展对城镇化影响程度的差异。二是国有商业银行和股份制商业银行虽然都以城市大中型企业作为主要放款对象，但因为两者规模有较大差异，所以希望通过两者对城镇化率不同影响程度的研究，细化分析金融发展拉动城市经济发展后对城镇化的影响；同时，因为城市商业银行小微企业贷款占比高达50%以上，所以将城市商业银行和农村微型金融机构共同归类到以提供涉农贷款和小微企业贷款、低收入阶层贷款为主的微型金融服务机构中，不过两者的服务对象毕竟还有较大差异，所以分别引入模型，希望得到服务小微企业和服务"三农"对人口城镇化的影响差异。

表 4-5 人口城镇化与金融发展、微型金融发展相关指标 单位：亿元

年份	城镇化率（UR,%）	国有商业银行贷款余额（A）	股份制商业银行贷款余额（B）	城市商业银行贷款余额（C）	农村微型金融机构贷款余额（D）
2004	43.5	6298.84	1563.85	866.84	1702.29
2005	45	7097.52	1668.64	1017.93	2323.01
2006	46.1	8212.33	2007.61	1211.93	2797.16
2007	46.75	9241.55	2424.88	1509.03	3174.73
2008	47.60	10128.59	2917.41	1639.80	3689.79
2009	48.32	13869.41	3822.36	1993.57	4502.12
2010	49.71	16148.51	4650.37	2403.16	5372.63
2011	50.95	18107.65	5357.00	2847.76	6500.25
2012	52.43	20075.34	6207.83	3446.89	7813.63
2013	53.75	22107.40	6801.46	4080.14	8983.35
2014	55.01	242336.17	7685.29	4779.65	10095.46
2015	57.01	25622.00	8592.43	5532.59	10496.44

资料来源：根据《山东金融年鉴》（2005~2008）、《山东银监局年报（2007~2015）》、山东省统计局的《山东统计年鉴》（2016）、山东省金融工作办公室小额贷款公司 2009~2015 年贷款数据计算整理得出。

因为对数能更好地表现一个变量的相对变化，更易于解读变量之间长期变动的关系，并且可以使模型的残差呈现随机特征，减少共线性和异方差出现的概率，所以对 5 组变量进行对数处理，记为 LUR、LA、LB、LC 和 LD。对这 5 组数据进行单位根检验，均为二阶单整序列。这里仅将二阶单整检验结果写入表 4-6。同时，因为这 5 组数据为同阶单整，可以进行协整分析及格兰杰因果检验，为后续协整分析方便，在此利用 EViews 8.0 做 LUR 对其余 4 个变量的普通最小二乘回归，并对残差序列进行单位根检验，检验结果也写入表 4-6 中。

表 4-6 单位根检验结果

变量	检验形式（C，T，L）	临界值（5%）	ADF 值	P 值（5%）	平稳性
D（LUR，2）	(0, 0, 0)	-1.988198	-3.229307	0.0049	平稳
D（LA，2）	(C, 0, 0)	-3.259808	-8.140582	0.0001	平稳
D（LB，2）	(C, 0, 0)	-3.259808	-4.011303	0.0175	平稳
D（LC，2）	(C, 0, 1)	-3.320969	-4.622918	0.0095	平稳
D（LD，2）	(C, T, 2)	-4.450425	-8.079985	0.0031	平稳
残差序列	(0, 0, 0)	-1.977738	-4.074719	0.0008	平稳

注：表中的检验形式（C，T，L）中的三个字母分别表示常数项、时间趋势和滞后阶数。

4.3.2 协整回归模型的建立及结果分析

4.3.2.1 协整回归模型的建立

由上述检验可以看到，5个变量均为二阶单整序列，即 I（2），故它们之间可能具有协整关系，其协整方程为：

$$LUR_t = 2.9109 - 0.0029LA_t - 0.084LB_t + 0.2202LC_t + 0.002LD_t$$
$$t = (74.4983)\ (-0.8679)\ (-2.8625)\ (6.3410)\ (0.0566) \quad (4-1)$$
$$P = (0.0000)\ (0.4142)\ (0.0243)\ (0.0004)\ (0.9564)$$
$$R^2 = 0.996243 \qquad DW = 2.418273$$

根据 R^2 和 DW 值可以看到，这个协整方程整体拟合度很好，但是在5%的显著水平下，国有商业银行和农村金融机构的贷款余额对数值未通过 P 值检验，所以，将 LA 和 LD 这两个变量删除。新的协整方程为：

$$LUR_t = 2.9088 - 0.0795LB_t + 0.2142LC_t$$
$$t = (101.2019)\ (-3.258426)\ (8.912185) \quad (4-2)$$
$$P = (0.0000)\ (0.0099)\ (0.0000)$$
$$R^2 = 0.995838 \qquad DW = 2.473240$$

式（4-2）给出的是变量之间的关系，从模型看，股份制商业银行贷款余额每增长1%，会导致城镇化率下降约0.08%；城市商业银行的贷款余额每增加1%，会促进城镇化率增长约0.21%。

4.3.2.2 协整结果分析

（1）实证结果表明，作为服务城市的主力——国有商业银行和作为服务农村的主力——农村微型金融机构在建模过程中都未通过显著性检验，从实证结果角度讲即这两者的发展与人口城镇化没有统计计量意义上的长期相关性，从式（4-1）也可以看到，二者的系数都比较小，它们即使对城镇化率的变化有影响，影响也非常小，均未达到0.01%。

（2）国有商业银行主要的客户基本上都是大中型企业，其对大中型企业贷款额占贷款总额的比例接近90%[①]。这些大中型企业更多地体现出资本密集型或技术密集型的特点，对于拉动农民工就业的直接贡献不大，所以表现出对人口城镇化率的提高贡献不大。农村微型金融发展促进了农村经济发展，缩小了城乡差距，从而降低了农业人口向城市转移的动力，所以从数据上看，农村微型金融核心功能是推动农村经济增长，对城镇化率提升影响不大。

图4-9展示了2004~2015年山东省城乡居民消费水平的变化情况。虽然城乡居民的消费水平绝对额仍有较大差距，但是十多年来，农村居民的消费增速绝大部分时间都高于城市居民的消费增速，而与之对应的城市居民的消费增速不仅低于农村居民消费增速，并且呈现出持续下降的趋势。按照刘易斯提出城镇化动力理论——二元经济结构理论和托达罗进一步补充的人口迁移理论，都认为城乡收入的绝对差距或预期会吸引农村过剩劳动力向城市转移，不过，从山东省实证结果看，经济增长的速度以及对增速的预期可能对农村劳动力的转移影响更大。

（3）城市商业银行贷款余额的50%以上都是投向小微企业，这类企业大多是民营企业，且第三产业居多，例如山东省2015年从事批发零售的企业平均职工数量为57人。根据《山东统计年鉴》的数据，对应本实证研究选取数据的起止年份，第三产业对GDP贡献占比由2004年的29.2%上升至2015年的45%，而同期第二产业对GDP的贡献度则由66.9%下降到51.%[②]。小微企业的发展极大地拉动了农民工就业，金融机构将资金向这些企业倾斜，必然会对城镇化率的提高起到积极的促进作用。对比城市商

[①] 数据来源于《山东银监局年报（2015）》。
[②] 数据来源于《山东统计年鉴》（2016）。

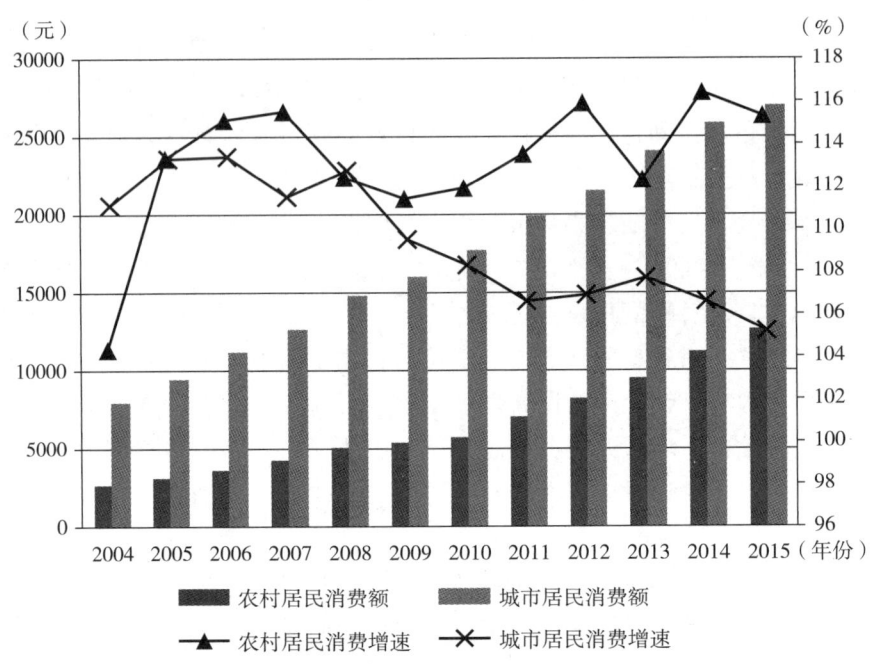

图 4-9 城乡居民消费水平变化

业银行和农村微型金融机构对人口城镇化进程的影响，显然服务于小微企业的城商行对促进人口城镇化率的提高意义更大。

（4）实证结果表明，股份制商业银行贷款量的上升，对人口城镇化率的提升具有一定的负面影响。这一点似乎与金融促进城镇化发展的机理相悖，不过，根据山东省银监局年报资料分析，山东省境内的股份制商业银行的贷款资金的投放主要呈现三个特点：一是贷款主要流向城市工商企业，以大中型为主，并且授信客户集中度偏高；二是异地授信余额占比高，例如2007年异地授信余额占比高达49.77%；三是同业业务占比较大，同业拆出、买入返售资产额度都较高。这三个特点意味着，一方面，贷款资金集中于大中型企业，和国有商业银行支持大企业一样，不仅不利于吸收农民工就业，并且随着国家社会保障体系逐步健全、对劳动合同法执行情况监管越来越严格，大企业用工成本在上升，反而形成了对农民工就业的一种排斥；另一方面，异地授信和同业业务意味着股份制商业银行将在本地吸收的存款较多地应用到了外地或非实体经济生产领域，这种情况就如同农村资金反流到城市的现象一样，反而对本地经济发展起到负面作用。这个实证结果也说明，金融的发展只有促进本地实体经济发展，并且是劳动密集型企业的发展，对人口城镇化进程的影响才能起到积极作用。

4.3.3 格兰杰因果检验及结果分析

按照表4-7格兰杰因果检验的结果，从计量数据的角度考察，只有城镇化率的变动直接引起了农村微型金融的变化，而农村微型金融的发展并未对城镇化进程产生直接的计量意义上的推动作用；其他金融机构的贷款行为也均不构成直接影响人口城镇化率变动的原因，当然，人口城镇化的发展从计量角度看也没有对金融部门的发展产生直接的影响。

表4-7 格兰杰因果检验结果

原假设	P值	检验结果
国有商业银行贷款余额变化不是城镇化率变动的格兰杰原因	0.2282	接受原假设
城镇化率变化不是国有商业银行贷款余额变动的格兰杰原因	0.1466	接受原假设
股份制商业银行贷款余额变化不是城镇化率变动的格兰杰原因	0.8368	接受原假设
城镇化率变化不是股份制商业银行贷款余额变动的格兰杰原因	0.3996	接受原假设
城市商业银行贷款余额变化不是城镇化率变动的格兰杰原因	0.6931	接受原假设
城镇化率变化不是城市商业银行贷款余额变动的格兰杰原因	0.7363	接受原假设
农村微型金融机构贷款余额变化不是城镇化率变动的格兰杰原因	0.1771	接受原假设
城镇化率变化不是农村微型金融机构贷款余额变动的格兰杰原因	0.0400	拒绝原假设

因为格兰杰因果检验结果只是表明被检验双方是否具有直接的格兰杰因果关系，而上一章已经述及，人口城镇化与微型金融发展是以经济发展作为纽带，二者从作用机理的角度分析，并不具有直接的因果关系，所以这里的检验结果证实了作用机理的客观性。不过，人口城镇化率的提高对微型金融机构的影响还是较为明显且直接的，这主要是基于其强大的需求拉动力以及供给环境和条件改善后形成的对微型金融发展的推动力。

4.4 本章小结

山东省的微型金融服务基本上是由四类机构提供的：一是专业的微型金融机构，包括正规金融机构和非正规金融机构；二是地方性金融机构，包括城商行和农商行提供的微型金融服务，占其全部信贷业务比例超过50%；三是大型银行提供微型金融服务，包括政策性银行和国有商业银行、全国性股份制商业银行，这类大型银行整体资金投放业务中，服务小微企业和"三农"的微型金融业务比例呈现出逐步上升趋势；四是政府，政府履行监管任务，此外就是以直接或间接方式提供扶贫资金。

普惠金融"普惠"的理念，应该包含拓展金融服务的广度和深度双重目标，所谓服务的广度是指微型金融服务应该为更多的从原有金融体系中得不到或很难得到服务的群体提供所需的金融服务；服务的深度则可以理解为触及普惠金融最核心的目标：扶贫，以农民、城镇低收入者等弱势群体作为重点服务对象。从贯彻普惠金融理念的角度看，山东省专业的微型金融机构发挥的是拓展普惠金融服务的广度这一功能，即渗透到每个乡村，使得全省最基层的企业、个人能得到所需的资金支持，从而促进了生产发展、经济增长；而大型金融机构则身兼普惠金融理念中拓展服务的广度和深度双重任务，一方面，大银行中开展的面向小微企业的贷款和其他服务比例逐步提高，另一方面，更重要的是，金融扶贫职能基本都是由农业发展银行、农业银行、农商行等正规的、大（中）型的涉农金融机构完成的。从这个角度看，虽然中国人民银行2005年开始试点小额贷款公司、2006年开始又连续发文鼓励兴办各种微型金融机构，初衷是希望由这些更贴近穷人的微型金融机构承担更多的金融扶贫工作，但是实际执行中这些微型金融机构的扶贫功能并未体现出来。

实证研究证明，微型金融发展能够促进人口城镇化发展，人口城镇化率的提高也能促进微型金融发展，但不同的资金投向对人口城镇化发展的作用是不一样的，投入小微企业对人口城镇化发展速度的促进作用最大；直接投入农村低收入群体，对于促进人口城镇化率的提高没有显著的直接影响，不过其对于实现新型城镇化的城乡协调、统筹、一体化发展作用更大。同时，格兰杰因果检验的结果表明，人口城镇化率的提高会较为直接、明显地促进微型金融的发展。

按照刘易斯的观点，只要城乡存在收入差距就会不断吸引农村过剩人口向城市迁移，弗里德曼、赫希曼等经济学家的中心—边缘扩散效应或回波效应也都认为收入差距加速城镇化进程，但是就山东省的情况来说，收入绝对差距对人口城镇化的推动不如收入增速以及增速预期的影响力大。同时，实证研究表明，国有商业银行的资金虽然推动了经济发展，但因为经济发展的载体——大型企业对拉动农民工就业贡献不大，所以对促进人口城镇化速度的提升贡献不大。因为人口城镇化率强调的是进入城市的常住人口数量，国有商业银行支撑的大企业吸收的农民工数量少，因此从统计分析的角度考察，与人口城镇化率的关联就弱化了。当然，因为经济发展、金融发展、人口城镇化发展都是一个长期的进程，但是用于实证研究的数据选取时间较短，可能也导致金融发展、微型金融发展对经济的促进，进而因城市经济发展拉动农村人口向城市转移的效应不明显。

在上述的研究中，一直忽略了城市下岗、无业、自谋职业的低收入群体。新型城镇化追求协调发展，这里的协调既有城乡间的协调，也有城市或农村内部的协调。由于我国一直存在着城乡间的二元经济结构，所以低收入贫困群体更多地指向了农村。但是，随着经济体制改革的深化，随着城镇化进程的深化，城市贫民、下岗工人以及长期生活在城市却居无定所或没有固定工作的进城农民工成为城市新的贫民阶层，他们同样需要小额资金进行创业，也是一个微型金融服务的重要对象，但这一部分未在官方现有的统计资料中体现出来。

5 微型金融支持人口城镇化的效率研究
——以山东省为例

上一章已经指出山东省主要有政策性银行、大型金融机构、地方性金融机构和专业性微型金额融机构四类金融机构提供微型金融服务以及政府提供扶贫服务，并阐述了这些金融机构的具体服务情况和各自体现出的特点，本章将利用 DEA 模型对山东省微型金融服务支持人口城镇化的效率以及不同类型金融机构提供微型金融服务的效率进行对比研究，以期进一步发掘不同金融机构提供的微型金融服务在推动人口城镇化过程中的优势和劣势，为改进微型金融体系提供数据支撑。

5.1 数据包络分析法概述

数据包络分析法（DEA）是 1978 年由 Charnes 等提出的，他们把 Fanell（1957）提出的单输入、单输出的工程效率概念推广到了多输入特别是多输出的同类型决策单位（Decision-Making Units，DMU）的有效评价中。DEA 是应用数学规划模型来评价具有多个输入和多个输出"部门"或"单位"相对有效性的方法。这一模型无须建立生产函数，无须估计参数值和考虑量纲问题，因而广泛应用于各个行业和领域。特别是当 DEA 被用来研究多输入、多输出的生产函数理论时，由于不需要预先估计参数，因而在避免主观因素和简化算法、减少误差等方面有着巨大的优越性。

Charnes 等基于规模收益不变生产可能集建立了第一个 DEA（C^2R）模型。Banker 等在 1984 年建立了基于规模收益可变生产可能集的 DEA

（BC^2）模型，将技术效率（TE）分解为纯技术效率（PTE）和规模效率（SE），并完成了 DEA 模型的公理体系。

5.1.1 C^2R 模型

Charnes、Cooper 和 Rhodes（1978）将 Farrell（1957）提出的"两投入一产出"的模式，推广至"多投入多产出"的模式，从而更加符合金融机构复杂的业务流程。Farrell 与 C^2R 模型均假设为规模报酬不变，这样若某一决策单位处于相对无效率的状态时，可能是由于规模不当造成的。利用线性规划方法求得效率前沿边界并计算每一 DMU 的相对效率，凡落在边界上的 DMU 称为 DEA 有效率，其效率值为 1；而其他未落在边界上的 DMU 则称为 DEA 无效率，其效率值小于 1、大于 0。

假设存在 n 个 DMU（DMU1、DMU2，…，DMUn），每个 DMU 有 m 种投入（输入），s 种产出（输出）。DMU_j 的输入和输出分别为 $x_j = (x_{1j}, x_{2j}, \cdots, x_{mj})^T$，$y_j = (y_{1j}, y_{2j}, \cdots, y_{mj})^T$，$j = 1, 2, \cdots, n$。在规模报酬不变的假设下，对第 i 个决策单元的效率评价可用 C^2R 模型表示：

$$\begin{aligned} &\max \frac{u^T Y_i}{v^T X_j} \\ &\text{s.t.} \ \frac{u^T Y_i}{v^T X_j} \leq 1 \\ &j=1, 2, \cdots n; \ u \geq 0; \ v \geq 0 \end{aligned} \quad (5-1)$$

式（5-1）中，v、u 分别为 m 种输入和 s 种输出相对应的权重向量。

5.1.2 BC^2 模型

C^2R 模型的假设是金融机构在固定规模报酬下运营，但实际上并非每一家金融机构都在固定规模报酬下生产，若存在变动规模报酬，则导致在衡量技术效率时规模效率（Scale Efficiency）亦混杂其中。因此必须考虑变动规模报酬（Variable Returns to Scale）的情况，Banker、Charnes 和 Cooper 在 1984 年将 C^2R 模型中的固定规模报酬（CRS）的假设剔除，以衡量处于不同规模报酬状态下的相对效率值。

BC² 模型为生产可能集合（Production Possibility Set）建立凸性性质、无效率性质、射线无限制性质与最小外插性质四项公理，并且引进了 Shephard（1970）距离函（Distance Function）的概念，于是技术效率可以再分解成纯技术效率（PTE）和规模效率（SE）。也就是说，技术无效率除了来自投入产出配置不当的因素外，也可能来自决策单位（DMU）的规模因素，因此我们就可以通过调整规模因素以改进其无效率的状态。该模型如下：

$$\begin{vmatrix} \min\theta \\ s.t. \sum_{j=1}^{n}\lambda_j X_j \leq \theta X_i \\ \sum_{j=1}^{n}\lambda_j Y_j \geq Y_i \\ \sum_{j=1}^{n}\lambda_j = 1 \\ \lambda_j \geq 0; j=1,2,\cdots,n \end{vmatrix} \qquad (5-2)$$

对于同一个决策单元，如果通过 C²R 模型与 BC² 模型求解的相对效率值不同，则表明存在规模上的非效率，一般研究将 C²R 模型度量的技术效率分解为规模效率与纯技术效率，则有下式成立：

$$TE = SE \times PTE \qquad (5-3)$$

式（5-3）中，TE 为基于 C²R 模型得到的技术效率，SE 为规模效率，PTE 为基于 BC² 模型得到的效率，即纯技术效率。

5.2 微型金融支持人口城镇化的效率分析

5.2.1 数据说明

为了度量微型金融对人口城镇化的贡献，选取山东省 2008~2015 年共 8 年的数据，对全省微型金融支持人口城镇化的效率进行总体研究。

表 5-1 山东省微型金融与人口城镇化相关数据

年份	小微企业贷款余额（亿元）	涉农贷款余额（亿元）	非农业人口（万人）	非农业人口占比（%）	第二产业就业人数（万人）	第二产业就业人数占比（%）	第三产业就业人数（万人）	第二产业就业人数占比（%）
2008	1629	2522	3532	37.51	1955.5	20.77	1918.6	20.37
2009	2994	8477	3548	37.47	2014.1	21.27	1982.7	20.94
2010	4315	10865	3839	40.08	2086.7	21.78	2042.1	21.32
2011	5440	13497	3945	40.94	2185.6	22.68	2088.4	21.67
2012	6772	16760	4021	41.52	2245.2	23.18	2141.1	22.11
2013	8480	19191	4130	42.43	2270.2	23.32	2224.2	22.85
2014	10239	21649	4285	43.77	2294.1	23.44	2289.1	23.38
2015	12206	23373	4702	47.75	2338.0	23.74	2331.3	23.68

资料来源：《山东省统计公报》（2008~2015），《山东省统计年鉴》（2004~2016）。

表 5-1 中小微企业贷款余额、涉农贷款余额是全省的数据，包含各类金融机构的合计数，之所以选择涉农贷款作为投入变量，主要原因一是涉农贷款中绝大部分是小微企业和农户贷款，属于微型金融的核心；二是城镇化的目标是在农业发展的基础上，促进农业人口向城市转移，涉农贷款对促进农业发展、提高农业生产力进而推动农业人口转移意义重大；三是新型城镇化追求城乡协调、统筹、一体化发展，即在追求人口城镇化数量提高的同时，还要推动人口城镇化的质量，这就必须逐步消除城乡二元结构，所以大力推动农村经济发展是提高人口城镇化质量的一个重要方面。

同时，因为 DEA 模型采用的是时点数据，故表 5-1 中的价值量一律采用当年价格计算的数据，未做剔除价格因素的实际数据提取工作。

在 DEA 模型中，小微企业贷款和涉农贷款是投入变量，它们可以较好地代表山东省微型金融发展的情况。人口城镇化的发展一定是通过农民进城务工逐步带动起来的，所以用非农业人口比例、第二产业就业人数和第三产业就业人数占比作为产出变量，能较好地代表人口城镇化的提高情况。

5.2.2 实证结果

采用 DEAP2.1 软件，对上述变量进行分析，得到的效率评价结果见表 5-2，效率变化图见图 5-1。

表 5-2　山东省微型金融支持人口城镇化效率评价结果

年份	技术效率	纯技术效率	规模效率	规模效率评价
2008	1	1	1	—
2009	0.558	0.968	0.576	规模报酬递减
2010	0.403	1	0.403	规模报酬递减
2011	0.327	1	0.327	规模报酬递减
2012	0.266	1	0.266	规模报酬递减
2013	0.217	1	0.217	规模报酬递减
2014	0.186	1	0.186	规模报酬递减
2015	0.170	1	0.170	规模报酬递减
均值	0.391	0.996	0.393	—

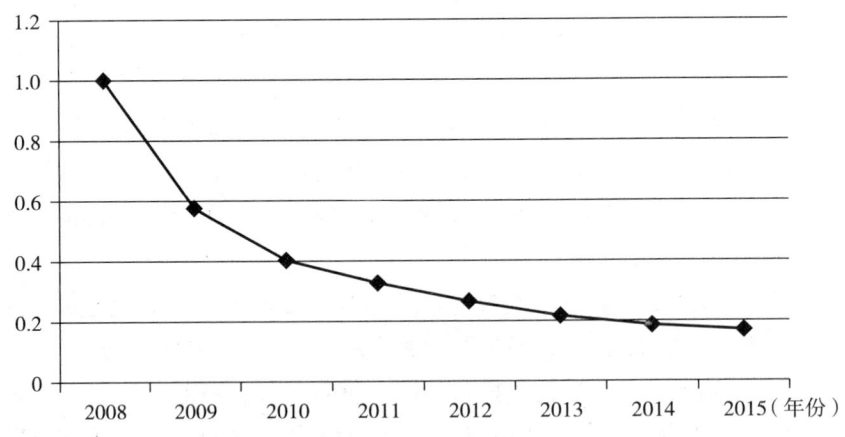

图 5-1　山东省微型金融支持人口城镇化效率变化

5.2.3 实证结果分析

从实证结果可以很直观地看到，2008 年以来，山东省影响微型金融对人口城镇化的贡献效率的主要是规模因素，微型金融对人口城镇化的影响呈现出非常明显的规模报酬递减趋势。深入分析造成这一结果的原因，核心就是在城镇化进程中，土地城镇化远超人口城镇化步伐，从而挤占了人口城镇化的资源。

（1）土地城镇化快于人口城镇化。虽然 2008 年以来，山东省城镇人口数量由 4483 万人增长至 5614 万人，提高了 25.23%；人口城镇化率也由 47.6% 上升至 2015 年的 57.1%，持续上升了 9.5 个百分点。但与此同时，山东省城镇建成区面积由 2008 年的 3261.03 平方千米增长到 2015 年的 4609.3 平方千米，增长了 41.34%，大大高于人口城镇化的速度。而这种高速的土地城镇化发展，既造成了建成区空置和"鬼城"的出现，也占用了人口城镇化所需要的资源。

（2）农村金融资本流失，使得微型金融支持人口城镇化效率低下。虽然表 5-3 显示，2008 年以来，无论是小微企业贷款还是涉农贷款余额都呈现出递增的趋势，不过，与同期存、贷款总余额比较，则能较为清晰地看到金融资本向城市的倾斜。农村金融资本的稀缺制约了农业和农村的发展，从而也制约了人口城镇化的进程。

表 5-3 金融资本向城市的倾斜

年份	存款总余额（亿元）	贷款总余额（亿元）	涉农贷款余额（亿元）	涉农贷款占总存款比例（%）	涉农贷款占总贷款比例（%）
2008	26930	20054	2522	9.37	12.58
2009	34698	25961	8477	24.43	32.65
2010	41105	30723	10865	26.43	35.36
2011	46345	35179	13497	29.12	38.37
2012	54302	40021	16760	30.86	41.88
2013	62078	44761	19191	30.91	42.87
2014	67498	50059	21649	32.07	43.25
2015	74524	55437	23373	31.36	42.16

资料来源：《山东统计年鉴》（2016）。

5.3 微型金融不同供给主体供给效率对比研究

5.3.1 数据选择及说明

为考察不同种类的金融机构微型金融服务的效率,分别选取 2015 年和 2011 年山东省政策性银行、国有控股大型商业银行、全国性股份制商业银行、邮政储蓄银行、城商行、农商行、村镇银行、小额贷款公司共八大类金融机构的微型金融服务相关数值进行效率对比分析。从表 5-4 和表 5-5 中可以看到,作为最基层的内源性金融机构的农村资金互助社和农民资金合作社由于效率分析对比研究中同类数据的缺失,从而无法使用 DEA 模型进行测算。表中数据均为当年价格计算的时点数据。

表 5-4 山东省金融机构小额贷款业务统计（2015）

金融机构	存款余额（亿元）	总贷款余额（亿元）	营业网点（个）	小微企业贷款（亿元）	占存款余额比（%）	占贷款余额比（%）
政策性银行	8433	7043.79	128	1511.79	17.93	21.46
国有控股大型商业银行	26977.80	21078.99	3972	2519.92	9.34	11.95
全国性股份制商业银行	9080.11	6313.51	636	1014.64	11.17	16.07
邮政储蓄银行	3840.02	1151.09	2714	273.18	7.11	23.73
城商行	7086.3	4538.8	941	2513.13	35.46	55.37
农商行	13567.7	9166.93	5021	3726	27.47	40.65
村镇银行	449.26	335.40	163	266.35	59.29	79.41
农村资金互助社	—	0.14	2	0.14	—	100
农民资金合作社	—	0.1368	78	0.1368	—	100
小额贷款公司	541.8	779.04	420	423.25	78.12	54.33

注：①表中政策性银行对应的存款余额为资产总额,因为政策性银行除农发行外,不对公众开展存款业务,其贷款资金主要来源于成立之初国有商业银行剥离的资产和财政划款。②小额贷款公司存款余额对应的也为注册资本额,因为小额贷款公司不允许吸收存款;同时,小额贷款公司的数据为 2015 年前 10 个月的,后两个月数据缺失。

资料来源：《山东金融年鉴》（2016）、《山东银监局年报（2015）》、山东省金融工作办公室。

表 5-5 山东省金融机构小额贷款业务统计（2011）

金融机构	存款余额（亿元）	总贷款余额（亿元）	营业网点（个）	小微企业贷款（亿元）	占存款余额比（%）	占贷款余额比（%）
政策性银行	5167	3165.20	128	294.58	5.7	9.31
国有控股大型商业银行	18602	14717	3802	1334.7	7.18	9.07
全国性股份制商业银行	4875.66	3751.46	308	841.23	17.25	22.42
邮政储蓄银行	2378.21	360.49	2622	30.18	1.27	8.37
城商行	3736.65	2565.22	594	1469.41	39.32	57.28
农商行	8002.1	5823.02	5189	2022	25.27	34.72
村镇银行	72.1	49.2	32	30.87	42.82	62.74
农村资金互助社	—	—	—	—	—	—
农民资金合作社	—	—	—	—	—	—
小额贷款公司	267.58	609.57	259	277.6	103.74	45.54

注：①表中政策性银行对应的存款余额为资产总额，因为政策性银行除农发行外，不对公众开展存款业务，其贷款资金主要来源于成立之初国有商业银行剥离的资产和财政划款。②小额贷款公司存款余额对应的也为注册资本额，因为小额贷款公司不允许吸收存款。

资料来源：《山东金融年鉴》（2012）、《山东银监局年报》（2011）、山东省金融工作办公室。

在 DEA 模型中，不同金融机构的存款余额和基层营业网点数作为投入变量，将小微企业贷款余额、小微企业贷款余额占存款余额比、小微企业贷款余额占总贷款余额比作为产出变量。小微企业贷款余额作为绝对量，可以直接考察各类金融机构对微型金融的支持情况，而从其占存款及贷款余额的比例则能够看出微型金融服务对于不同金融机构的重要性，并进而分析其效率。

5.3.2 实证结果及分析

采用 DEAP2.1 软件，对上述变量进行分析，得到的效率评价结果见表 5-6 和表 5-7。

表 5-6　山东省不同金融机构微型金融服务效率评价结果（2015）

金融机构	技术效率	纯技术效率	规模效率	规模效率评价
政策性银行	1	1	1	规模报酬不变
国有控股大型商业银行	0.253	0.264	0.957	规模报酬递减
全国性股份制商业银行	0.428	0.439	0.976	规模报酬递增
邮政储蓄银行	0.095	0.118	0.804	规模报酬递增
城商行	1	1	1	规模报酬不变
农商行	0.461	1	0.461	规模报酬递减
村镇银行	1	1	1	规模报酬不变
小额贷款公司	1	1	1	规模报酬不变
均值	0.655	0.728	0.900	

表 5-7　山东省不同金融机构微型金融服务效率评价结果（2011）

金融机构	技术效率	纯技术效率	规模效率	规模效率评价
政策性银行	0.846	0.952	0.889	规模报酬递增
国有控股大型商业银行	0.167	0.180	0.929	规模报酬递减
全国性股份制商业银行	1	1	1	规模报酬不变
邮政储蓄银行	0.013	0.030	0.323	规模报酬递增
城商行	1	1	1	规模报酬不变
农商行	0.323	1	0.323	规模报酬递减
村镇银行	1	1	1	规模报酬不变
小额贷款公司	1	1	1	规模报酬不变
均值	0.669	0.770	0.822	

（1）通过表 5-6 和表 5-7 中同一类金融机构的对比发现，全国股份制商业银行 2015 年的微型金融服务效率与 2011 年相比处于下滑状态；城商行、村镇银行、小额贷款公司的效率则始终保持不变，都处于规模报酬不变状态；其他四类金融机构的微型金融服务效率均有所提高。从两个年度各类金融机构效率均值看，2015 年相比 2011 年整体效率处于下降状态，

其中规模效率提高，但纯技术效率下降，并拉动整体效率下降。这个结果应该是由于全国股份制商业银行纯技术效率下滑过大导致的。如前一章所述，山东省内的全国股份制商业银行近年来同业业务、异地业务和投入大型工商企业的贷款业务较多，从而挤压了微型金融服务，使其纯技术效率和规模效率都处于下降状态，并拉低了全省整体微型金融服务的效率均值。

（2）从2015年的金融机构微型金融服务效率考察，政策性银行、城商行、村镇银行和小额贷款公司的微型金融服务效率最高；2011年，城商行、村镇银行和小额贷款公司的微型金融服务效率也最高，同时虽然政策性银行微型金融服务效率低于2015年，但相比较另外四类金融机构，其效率依然居于前列。这种情况说明，城商行、村镇银行和小额贷款公司都比较专注于微型金融服务。这三类金融机构中，微型金融服务在各自的全部金融服务中占比均很高，专业化决定了其高效率。而政策性银行的微型金融服务具有非常明确的指向性，例如开发银行的大学生助学贷款、扶贫贷款，农业发展银行的农村扶贫贷款和粮油储备贷款等，这种明确的指向性提高了贷款的效率和微型金融服务的整体效率。

（3）邮政储蓄银行在这两年的微型金融服务虽然都处于规模报酬递增状态，但其整体服务效率最低。这说明邮储银行在现有的技术水平下，并没有很好地利用其现有的资源，其微型金融服务规模可以继续扩大，并且只有不断扩大其服务规模才能促进其整体效率更快提高。

（4）农商行是农村微型金融服务的主力，其整体规模大，经营历史长，营业网点多，但从表5-6和表5-7的计算结果看，其却始终处于规模报酬递减状态，说明在其现有的技术水平下，其规模过大。这一点从纯技术效率为1、规模效率决定了整体效率水平上得到有力的验证，即其较低的效率主要是规模效率低下造成的。农商行网点多、摊子大，县城、乡镇、农村无不存在农商行的服务，但相对较低的技术水平和管理水平无法支撑其高效的服务。另外，国有控股大型商业银行的微型金融服务在这两个年度不仅效率低下，并且始终处于规模报酬递减阶段。造成这个结果一方面是因为微型金融服务在国有银行占比低下，另一方面，虽然其营业网点众多，但真正面向低收入群体和小微企业的人力物力数量相对少，造成人、财、物的浪费，在提供微型金融服务方面，没有很好地利用现有资源、发挥自身优势。

（5）需要进一步说明的是，城商行无论是年度间对比还是金融机构间比较，其微型金融服务效率都是最高的，这与上一章利用EViews软件进行的计量回归模型的结果非常契合，上一章已经证明城商行微型金融服务对促进人口城镇化起到了积极的正向作用，其影响超越了国有商业银行和股份制商业银行以及农村金融机构。不过，从表5-6和表5-7可以看到，同期村镇银行和小额贷款公司微型金融服务效率同样很高，并保持稳定。其主要原因应该是直接面向农业人口和小微企业，这种专业性带来了高效率。但是由于上一章实证模型中，将这两个金融机构的数据同时累加进农商行的数据中，而农商行微型金融服务效率相对低下，资金额度却远超过村镇银行和小额贷款公司，从而直接导致上一章实证结果中农村金融机构与人口城镇化无统计计量意义上的相关性。

5.4 不同类型金融机构开展商业性微型金融服务的优劣势分析

从上面的DEA模型效率分析可见，不同金融机构基于不同原因，提供微型金融服务的效率是不一样的。为了更好地发挥各类型金融机构的微型金融功能，将选择政策性银行、国有商业银行、股份制商业银行、城市商业银行、农村金融机构和邮政储蓄六类金融机构进行贷款质量、盈利状况等研究。没有选择小额贷款公司，是因为小额贷款公司没有被纳入银监会监管，缺少贷款质量的相关数据；而村镇银行在银监会统计时又与农商行合并归类为农村金融机构，不再分别比较。

5.4.1 贷款质量对比研究

5.4.1.1 衡量贷款质量的标准

对于银行而言，贷款质量好坏直接决定了其盈利状况。在2001年之前，各银行衡量贷款质量优良主要是基于是否能按时还本付息，属于一种事后评估，即贷款到期后，如果按时还本付息了，就视为正常贷款，如果到期没有及时归还，无论拖延时间长短均视为不良贷款。这种方法最大的好处是操作简单，直观清晰。但对于银行在贷款运行中监控贷款质量以及客观衡量贷款质量都没有很好的效果，因为有些企业可能偶尔一时因应收账款未及时入账,错过了按期还本付息,哪怕仅错过一天,也视为不良,显然这个标准过于简单。因此,为更好地评估贷款质量,中国人民银行在2001年发布《贷款风险分类指导原则》(银发〔2001〕416号),将贷款按照风险大小区分为正常类、关注类、次级类、可疑类和损失类五类,其中:正常类指借款人能够履行合同,没有足够理由怀疑贷款本息不能按时足额偿还;关注类指尽管借款人目前有能力偿还贷款本息,但存在一些可能对偿还产生不利影响的因素;次级类指借款人的还款能力出现明显问题,完全依靠其正常营业收入无法足额偿还贷款本息,即使执行担保,也可能会造成一定损失;可疑类指借款人无法足额偿还贷款本息,即使执行担保,也肯定要造成较大损失;损失类指在采取所有可能的措施或一切必要的法律程序之后,本息仍然无法收回,或只能收回极少部分。这五类贷款中前两类都属于正常贷款,后三类贷款则被统称为不良贷款。这种评估贷款质量的方法一直沿用至今。

5.4.1.2 大银行与中小金融机构贷款质量对比

在此选取截至2015年末,山东省部分银行类金融机构五级贷款风险占比进行对比研究(见表5-8)。

表5-8 部分金融机构贷款五级分类情况　　　　单位:%

	正常贷款			不良贷款				合计
	正常	关注	小计	次级	可疑	损失	小计	
政策性银行	73.32	25.53	98.85	0.53	0.54	0.08	1.15	100
国有商业银行	92.03	5.53	97.56	1.2	1.02	0.22	2.44	100
股份制商业银行	95.02	3.44	98.46	1.04	0.39	0.11	1.54	100
城市商业银行	94.56	3.69	98.25	1.3	0.41	0.04	1.75	100
农村金融机构	82.41	14.75	97.16	1	1.75	0.09	2.84	100
邮政储蓄	98.78	0.53	99.31	0.12	0.24	0.33	0.69	100

资料来源:《山东银监局年报》(2015)。

分析表5-8中数据,各金融机构正常和不良贷款比例没有很大的差距。不过,分析具体项目会发现,农村金融机构(主要是农商行和村镇银行及两家农村资金互助社）贷款整体质量相对于其他金融机构而言是偏低的，虽然其正常贷款占比仅比其他金融机构低1%左右，但在正常贷款中其关注类贷款占比明显偏高、正常类贷款占比明显低于其他金融机构。因为贷款五级分类法属于一种动态的描述贷款风险的方法，关注类贷款的特点是贷款项目尚未到期，截至考察期，借款客户应该尚有能力还本付息，但由于市场发展趋势、借款人自身生产状况等都存在较为明显的不利因素，可能会存在贷款到期时无法按时、足额偿还本息的风险。而农村金融机构的各类贷款余额中约88.5%是涉农和小微企业贷款，由于小微企业面对的突发事件更多，涉农企业则受到气候、季节、农产品价格市场波动影响巨大，这些都造成农业金融机构整体贷款质量相对偏低。在现实操作中关注类贷款会耗费信贷人员的大量精力进行贷后管理工作，以尽可能避免其成为不良贷款。不过因企业规模小，地域相对分散，信贷人员劳动强度很高。

5.4.2 不同类型金融机构开展商业性微型金融服务的优劣势分析

目前山东省几乎所有的金融企业都提供微型金融服务，因此，同一地域这些金融机构间的业务、客户都有一定的交叉，在此对它们提供微型金融服务的优劣势进行对比分析（见表5-9）。

表5-9 微型金融服务优劣势对比

	大银行	中小金融机构
优势	资金雄厚，贷款利率低，抗风险能力强	利于向纵深发展，更贴近最底层客户
	业务规范，信贷工厂模式降低成本	灵活度高，贷款发放回收、利率浮动都很灵活
	网络系统强大，服务品种多	地域、亲情优势，利于熟人社会发展
	信誉优势，更易于吸引各类客户	掌握客户信息更多更全面，解决信息不对称问题
劣势	向基层下沉时管理费用升高	客户规模相对小，业务成本高，贷款利率高
	信息不对称，监管成本高	社会认知度低，吸储能力弱
	投入产出比低，开展业务意愿性不强	营业网点少，区域性强，业务创新能力弱

5.4.2.1 大银行开展微型金融服务的优劣势分析

国有商业银行和全国性股份制商业银行的微型金融服务效率虽然都不高,但该比例都有逐步提高的趋势,这种状态既有国家政策鼓励向小微企业倾斜的因素,也有在提供小微金融服务时,获得更大收益的吸引。

(1) 优势分析。在向小微企业和低收入阶层提供微型金融服务过程中,大银行基于自身雄厚的资金实力,可以继续推行相对较低的利率;同时,当小微贷款发生风险时,可以利用充足的拨备覆盖率及时消化吸收风险。加之大银行一般业务操作都比较规范,员工素质比较高,因此对于单笔额度小、数量巨大的小额信贷业务,可以采取"信贷工厂"的模式开展,从而有效降低服务成本、提高服务效率。信贷工厂遵从的是信贷业务流程实行流水线作业方式,将贷款业务的贷前、贷中、贷后三大阶段分解成多道工序,由不同的信贷员负责不同的工序,各工序间环环相扣,在此采用林春山(2009)绘制的"信贷工厂"模式下的基本分工图简单描述具体业务流程(见图5-2)。

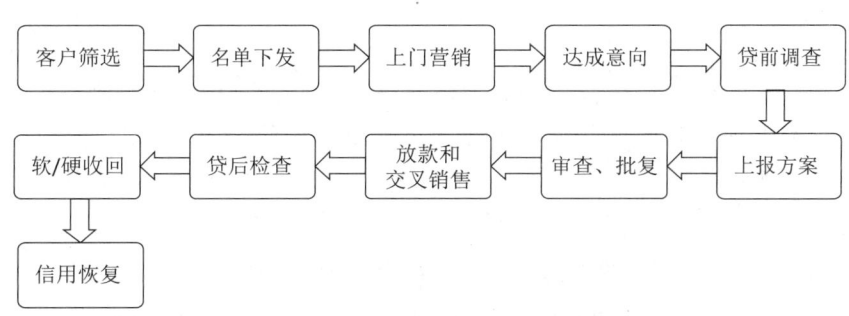

图 5-2 信贷工厂贷款业务流程

作为大银行,其业务开展历史久、地域覆盖广、技术更新快,特别是在网络时代,其可以较为快速地开发出适合不同时期、不同客户所需要的新技术或信息系统,更有利于提高小微服务效率。此外,大银行特别是国有商业银行,具有很强的信誉优势或者说品牌效应,更易获得客户的信赖,即使其存款利率略低于小银行,但信誉优势、服务网点优势、覆盖全国的网络优势和规范化管理的优势都易于吸引众多微型金融客户。

(2) 劣势分析。虽然大银行存在诸多服务小客户的优势,但与中小银行相比也存在一些劣势。劣势之一就是大银行的服务网点往往集中于城市，县域和乡镇数量较少，而大银行垂直式的管理方式意味着其向最基层的小微企业和贫困人口提供服务时，就不得不延长管理链条，从而导致管理费用激增。劣势之二是由于多年服务于大客户，其与小企业和低收入人群接触少，信息不对称较为突出，增加了提供金融服务的风险。每一笔微型金融服务需要工作人员付出的劳动时间和强度基本与大额度服务相差无几，以贷款为例，贷前、贷中、贷后这些环节小额度贷款与大额度贷款的劳动付出几乎一样，甚至由于小客户信息不健全，可能需要花费更多服务时间，但收益却比大额度贷款少很多，这种比较明显的投入产出不配套导致大银行为中小企业或低收入阶层服务的意愿较为薄弱。

5.4.2.2　中小金融机构开展微型金融服务的优劣势分析

中小银行创立伊始，其服务的目标客户主要就是涉农企业、小微企业、个人等，所以其在提供微型金融服务时有特有的优势。当然，因其自身规模限制，又加之较为激烈的市场竞争，其在服务中暴露出来的劣势也很明显。

（1）优势分析。中小金融机构包括由城市信用社转制的城市商业银行、邮政储蓄、由农村信用社转制的农商行和直接设立在乡镇的村镇银行、农村资金互助社、小额贷款公司、内生于农村的农民专业互助社等，由这些组成机构可见，其就是生长在小客户和低收入群体中，所以其在业务开展过程中很容易继续向深层推进，直至触及最底层的客户。中国是一个人情社会，特别在农村地区，更是表现为很传统的"熟人社会"，人情不仅对个人、对家庭很重要，对企业营销同样很重要。中小金融机构的工作人员大多都是驻地的居民，与个人客户、企业客户都有千丝万缕的联系，既有利于解决金融机构与客户之间存在的信息不对称问题，更可以依赖于人情开展存贷款等金融业务。并且，因为单笔业务额度小，又都是具有各种关系的"熟人"，所以业务操作较为灵活，包括产品定价也比大型金融机构灵活。这些优势都有利于提高其开展微型金融业务的竞争力。

（2）劣势分析。小既是中小金融机构的优势比较灵活，也是它们最大的劣势。由于规模小、资金实力弱，其在与大银行争抢大客户过程中几乎没有优势，而面对数量众多的小客户，如前面分析，单笔业务成本与大客户的业务成本基本持平，但收益却无法相提并论，为此，为保证一定的盈利水平，只能采取提高产品价格的方式。当市场利率放开后，如果大银行愿意将业务范围向纵深拓展渗透，那么中小银行势必面临极大的竞争压力，因为这将是实力悬殊的竞争。因为中小银行地理位置的制约，其员工业务素质也相对较低，创新业务品种、规范操作流程等都比较滞后。同时，中小金融机构一般都有比较确定的服务区域，这一点既是受央行相关规定的制约，也是中小银行自身实力所致，导致其服务范围很难扩张；又由于其服务网点少，知名度、信誉度都较低，吸储能力明显弱于大银行；并且也无法向大银行一样提供功能全、服务地域范围广的一些金融服务，服务品种相对较少，例如中小银行特别是小银行都要借助于央行提供的网络、借助于其他银行提供的设备才能开展借记卡、信用卡服务，制约了其业务品种的拓展。

5.5 同业间的共生共存问题分析

2013年央行放开贷款利率的管制，2015年又放开了对存款利率的管制，这从理论上意味着所有能经营存贷款业务的金融机构处在同一竞争水平线上，似乎各种金融机构间特别是诸如村镇银行、小额贷款公司等小型金融机构也丧失了原来央行规定的贷款利率可以上浮最高是基准利率1.4~4倍的"特权"优势。在市场化程度越来越高的背景下，会不会导致大批小金融机构倒闭抑或努力转制为上一层级的金融机构呢？在实际调研中发现，利率全面市场化已经实施多年，山东省金融行业内部并未出现想象中的大规模的恶性竞争，各个层次的金融机构、不同属性的金融机构基本能和原来一样"各司其职"，表现出相对良好的共生共存状态。

（1）大银行业务向纵深拓展的意愿较弱，县域和县域以下区域的金融业务主要仍是由中小金融机构完成。从国有商业银行看，虽然它们具有很强的资金实力，但因为延长业务链条导致的管理费用太高，所以，它们并不愿意将业务触角延伸到乡镇，除了接受央行的扶贫贷款任务外[1]，它们

---

[1] 在调研中，中国人民银行济南分行就扶贫贷款的问题专门指出：扶贫贷款基本是市场化运作，央行不会给某家商业银行硬性分派既定的额度，但一般会指定某家银行具体负责某个县。扶贫贷款本身有些是财政贴息，有些则是由央行给予发贷银行低利率的再贷款，发贷银行也要以低于市场利率水平的低利率将扶贫款贷放给扶贫对象。考察山东省扶贫贷款的发放情况，与其说是市场化运作，不如说更接近于一种道义劝告（窗口指导）的货币政策手段的应用。

的业务范围基本都在县级以上城市，即使开展的小微企业贷款也基本是城区中的小微企业。因此对于主要业务在县域的中小银行，大银行基本不与其争抢业务领地，对于村镇银行，大银行则通过投资入股方式，支持村镇银行的发展。

（2）小额贷款公司愿意留守在原地，改制为村镇银行的意愿不强。小额贷款公司因为不能吸收存款，按照诸多学者的观点，其资金来源渠道似乎较为狭窄，不利于业务的拓展，所以，2009年银监会下发了《小额贷款公司转制设立村镇银行暂行规定》后，甚至有学者担心小额贷款公司会一窝蜂地转制为村镇银行（马光远，2012）。但实际操作中，山东省的小额贷款公司从有规范数据可查的2009年的49家、注册资本39.75亿元持续稳定地发展到2015年末的420家、注册资本539.5亿元①。其之所以不去凑热闹转制，小额贷款公司的主观意愿是主因。按照银监会规定的转制条件，第一，转成村镇银行，就必须要以银行业金融机构作为主发起人，这意味着小额贷款公司原来的大股东地位改变。第二，目前我国的村镇银行因地域、规模、信誉等因素制约，吸储较为艰难，而小额贷款公司转制后，必须按照银行业经营要求，执行存贷比75%的红线②，若达不到，即使有钱也不能放贷，这反而使原本能较为灵活地获得资金并放贷的小额贷款公司业务受到限制。同时，虽然央行已经放开对利率的控制，但村镇银行还是加入了山东省利率定价自律机制，对放款利率的束缚大于小额贷款公司。第三，小额贷款公司在工商部门注册，本身注册条件相对宽松，注册地域也极其宽泛，不会像村镇银行一样被制约在县域及以下。第四，小额贷款公司放贷领域相对束缚较小，一旦转制为村镇银行，则必须遵守放款地域、涉农贷款占比等很多具体的约束。第五，客观上制约其转制为村镇银行的就是较为严苛的条件和烦琐的手续。总之，经过预期收益率、经营管理、内控制度等方面的综合考量，众多的小额贷款公司依然愿意坚持原有的民间非银行金融机构的属性，从事灵活的放款业务。

愿意承担高利率而向小额贷款公司申请贷款的企业和个人一般都是具

---

① 数据来源于山东省金融工作办公室。
② 2015年6月，国务院常务会议通过《中华人民共和国商业银行法修正案（草案）》，删除了贷款余额与存款余额比例不得超过75%的规定，并将存贷比由法定监管指标转为流动性监测指标。

有小、急、频的特点,小额贷款公司灵活又快捷的放款方式恰恰弥补了银行类金融机构贷前审批战线长、条件苛刻的缺点。从山东省这 400 余家小额贷款公司经营状况考察,它们的业务是对其他银行类金融机构的有益补充,核心业务基本都是短期或者超短期的放款,在业内被称为"过桥"业务,例如 2015 年山东省小额贷款公司累计发放的 68.86 亿元的贷款中,短期贷款占比达到 99.35%。小额贷款公司现金流十分充裕。

(3)中小银行间在县域及乡镇业务交叉重叠多,竞争较为激烈。县域是城商行、农商行和村镇银行都开展业务的地域,在乡镇这个层次则是农商行和村镇银行的竞争更多一些。这种业务的交叉重叠造成这些银行在吸储、放贷、发银行卡等各方面存在着激烈的竞争。例如,农商行为了拓展农村贷款市场,与村镇银行争抢客户,采取了公证抵押的办法,把没有房产证的农村门市、牛棚、猪舍、蔬菜大棚等公证后都用来抵押,发放贷款。很显然,由于产权不清,即使经过公证也很难得到执行。银行业之间的这种竞争,迫使这些小银行一方面主动降低了放款利率水平,另一方面也降低了放款的审批条件,这样做的结果不仅造成贷款不良率升高,而且由于抵押无效,一旦形成不良贷款回收很艰难。

5.6 本章小结

本章采用 DEAP2.1 软件,从山东省整体微型金融服务效率变化和不同类型金融机构开展微型金融服务的效率对比两个角度对微型金融服务效率进行了全方位的分析,数据计算结果表明:

(1)专一和明确的微型金融服务会带来较高的服务效率。专注于微型金融服务的村镇银行和小额贷款公司微型金融服务的效率最高且稳定;主要面向城市中小企业和个人提供微型金融服务的城商行,由于微型金融服务占比高、服务技术水平高,所以其微型金融服务效率一直保持在最有效的状态。政策性银行微型金融服务量对其自身整体业务量而言并不大,但其微型金融服务指向明确,即或贷款对象确定,或贷款范围确定,这样使得其运作高效。

(2)管理水平及技术水平低,浪费了基层网点多的优势,微型金融服务占比低,造成微型金融服务效率低下。农商行和国有大型商业银行都具有基层网点众多的优势，但二者的微型金融服务同时体现出规模报酬递减的特点，即规模越大，效率越低。不过对比分析这两类金融机构，其规模报酬递减的原因并不一样：农商行主要服务于农村，其网点多且分散，但一方面，是其面对的农村客户更分散，另一方面，也是更重要的原因，就是农商行的硬件设施相对落后，管理和技术水平不高，这就使得分散的网点、分散的客户都加大了管理的难度，降低了运营效率。国有大型商业银行主要服务于城市，其网点也很多，但其不重视微型金融服务，比例很低，对微型金融服务缺乏有效的、统一流程的规范管理，直接浪费了网点多、技术能力强的资源优势，导致微型金融服务效率低下。

（3）微型金融服务规模小，制约了其服务效率。邮政储蓄银行和全国性股份制商业银行都具有基层网点多且硬件、软件设施都较好的特点，但微型金融业务开展比例低，特别是邮政储蓄银行，其多年来在农村和乡镇都有网点和相对稳定的客户群，但其开展小额贷款业务时间较短、规模较小，导致了硬件和软件资源的闲置浪费。对这类金融机构，逐步扩大微型金融比例，会促进规模报酬的不断提高，从而不断提高其提供微型金融服务的效率。

实际上，各类金融机构在提供微型金融服务时，都有各自的优势和劣势，因此，若能做到优势互补、共生共存，无疑会使整个微型金融服务整体效率得到很大的提升。

6 人口城镇化进程中微型金融体系建设的制约因素分析

近年来,不仅是山东省,全国的微型金融都取得了长足的发展,例如,截至2014年,全国小微企业贷款余额20.7万亿元,占全部贷款余额的23.9%,比年初增加3.08万亿元,同比增加1731亿元,同比增速17.5%,比各项贷款平均增速高4.2个百分点。银行业服务小微企业的各类专营机构网点达到3000多家,专业支行4000多家,新型农村金融机构超过1100家。

互联网金融发展迅速,P2P网络借贷平台快速发展,众筹融资平台开始起步,网络保险公司也崭露头角,互联网支付业务更是快速扩张,例如2014年全国商业银行共处理网上支付业务285.74亿笔、金额1376.02万亿元,处理移动支付业务45.24亿笔、金额22.59万亿元;支付机构处理互联网上支付业务215.3亿笔、金额17.05万亿元,处理移动支付业务153.31亿笔、金额8.24万亿元,这些业务的增速都很快,特别是支付机构处理的移动支付业务笔数较2013年增长305.9%,金额则增长高达592.44%[①]。

不过,无论是山东省还是全国微型金融的发展,依然存在着市场失灵和政府失灵问题,制约了微型金融体系的建设和发展。本章将分别从需求、供给和政府监管三个方面分析主体行为特征,具体分析研究各种制约因素。

---

① 数据来源于《中国金融年鉴》(2015)。

6.1 基于市场失灵的需求主体行为特征分析

传统微型金融的服务对象特别是个人客户,主要是在农村。在以往研究农村金融的文献中,大多都认为农村金融最核心的问题是金融排斥,而金融排斥带来的问题更多地表现在供给方面,体现为一种外在排斥。不过,随着金融体制改革的深化,各类金融机构快速发展,其业务不断向城市和农村的各个角落渗透,微型金融供给的范围已经越来越宽泛,受众面越来越广,因此,从山东省及全国微型金融发展考察,目前的金融排斥更多地表现为自我排斥,对微型金融的自我排斥造成微型金融需求不足。

6.1.1 交易成本高

无论是小微企业还是农户,由于自身要素禀赋的制约,在需要资金时,一方面很难满足正规金融机构对于抵押质押的要求和相关信用记录的证明要求;另一方面由于正规金融部门严格的贷前调查占用时间过长,使得具有短、急、频特点的小额贷款需求交易成本过高。与此同时,还有一些潜在的寻租成本也会使得这些需求者预期的交易成本提高。基于此,他们在需要资金时,更多的是选择内源性的互助社、私人亲情借款甚至高利贷,小微企业则更多地寻求新兴的小额贷款公司的资金支持。

6.1.2 对扶贫资金认识有误,依赖过度

对扶贫资金的错误认识及过度依赖,直接降低了对商业性微型金融的需求。从中华人民共和国成立伊始,贫困问题就一直受到各级政府的高度重视,各级政府不断地通过发放扶贫资金的形式解决各地的贫困问题。各种扶贫资金的运作与管理情况见表6-1。

表6-1 扶贫资金的运用与管理

扶贫资金分类	主管单位	资金投向	帮扶方式
财政发展资金	扶贫办	改善贫困地区的农牧业生产条件,发展多种经营,修建乡村道路,普及义务教育和扫除文盲,开展农民实用技术培训,防治地方病等	转移支付,无偿使用

续表

扶贫资金分类	主管单位	资金投向	帮扶方式
以工代赈资金	发改委	修建县、乡公路和为扶贫开发项目配套的道路、建设基本农田、兴建农田水利、解决人畜饮水问题等	项目配套,通过劳动获取报酬
扶贫贴息贷款	农发行/农业银行	支持有助于直接解决农村贫困人口温饱问题的种植业、养殖业和当地农副产品为原料的加工业、运输、商业流通、农家饭店等生产经营活动	全额或部分贴息,偿还本息

资料来源:参考贾奇锋(2007)及相关资料整理得出。

在表6-1列出的三种扶贫资金中,虽然财政拨款的比例由改革开放前的占比50%以上逐步下降到目前的占比仅1/5左右,但一是惯性思维使得底层贫困户以贫困为"资本",习惯了被"救济"、习惯了"等、靠、要",没有对商业贷款的需求意愿;二是虽然扶贫资金中贴息贷款形式越来越常见,但这种无息或低息贷款以及相对宽松的贷款回收方式都更吸引贫困者,挤出了其对商业贷款的需求;三是随着城镇化进程推进,进城务工农民数量逐步提高并日趋稳定下来,留守在农村的基本属于生产劳动能力较弱或无劳动能力的老人、少数妇女和儿童,而且其处于自然环境、生产状态恶劣的偏僻地区,这些群体对扶贫资金的认知更是停留在救济的阶段,并依赖于这种救济,不主动寻求改变。

6.1.3 自我创业意识薄弱,投资机会和能力缺失

自我创业意识薄弱、投资机会和能力缺失,导致微型金融需求不足。无论是农村还是城市低收入阶层,普遍存在文化水平不高、整体素质偏低的情况,他们一是观念陈旧,缺少自我创业的意识。例如,很多青壮年农民或个人或举家进城打工,依赖于打工工资维持家庭生活,他们安于这种"稳定"。在正常生活中,他们对贷款的需求基本为零。二是受能力制约,找不到投资机会。这里的能力制约,可以区分为两种情况,一种是生产能力,即从事一种能够获取收益的工作的生产能力,例如从事养殖、种植、修车、修鞋、手工编织、面点加工等工作的能力;另一种是认识自己是否有能力和有什么能力的能力。很多低收入者在日积月累的生活中,实际上

积累了聪明智慧和工作能力，但往往认识不到依赖自己的才能可以创业，而是需要别人去发掘他们的能力和潜力。也正是基于上述两方面的能力制约，使得这部分人群没有欲望争取获得微型金融服务。三是风险承受力低，不敢融资创业。低收入群体拥有的最多的资源就是自身的简单劳动力，承担风险的能力较弱，很担心借钱创业会得不偿失。

6.1.4　对新生事物和变革创新接受慢

对新型微型金融机构或是服务手段不了解、不接受，是推动微型金融服务需求增长的很大一个障碍。近年来，我国新型的微型金融机构及服务手段不断涌现，如已经存在十多年的小额贷款公司、村镇银行，还有2014年获得批准成立的网络保险公司等，这些新型机构的服务对象更多的是小微企业，而个人低收入客户很少，既存在着这类金融机构对低收入客户的外在排斥，也存在着低收入客户自身对这些机构的不认识、不认可而表现出来的自我排斥。再如对支付宝、手机银行、通过手机或电脑完成转账、支付等新型服务手段，一是了解接受这些新事物的速度慢，二是不相信其安全性，对银行卡支付、刷卡付费有种看不见、不真实的感觉。据杜晓山（2016）在广西、四川、贵州三省六个贫困县的调查，农民中使用微信的仅有10%，而会使用微信支付功能的不到1%。

6.1.5　小额贷款中消费性需求占比高

小额贷款中消费性需求占比高，直接影响了贷款回收率。基于前述的分析，在低收入群体中，整体看对商业性微型金融服务的获取欲望不高，在已经发生的小额贷款中，主要集中于医疗、住房、教育等生活消费领域，有些低收入者会将生产性的精准扶贫贴息贷款转而用于消费领域（郝智伟，2014）。由于低收入阶层赚钱能力弱，将贷款用于消费领域后，既造成微型金融对经济发展的促进性不强，也会直接影响贷款本息的按期足额回收。

总之，经济学中的需求表现为一种意愿和能力的统一，自我排斥使得低收入群体没有或者很少有获得贷款或其他金融服务的意愿，因此，即使能够获得微型金融服务，他们也不愿意去努力并形成真正的需求。

6.2 基于市场失灵的供给主体行为特征分析

我国从国家政策性银行、国有商业银行到最基层的农商行、村镇银行、互助社、小额贷款公司等都提供微型金融服务，应该说微型金融服务机构数量是比较充足的，其业务领域、服务手段也是广泛而丰富的。不过，基于金融排斥所带来的对低收入阶层的微型金融使命漂移问题，由于机构升级带来的最基层正规金融服务少而同时内源性金融机构处境尴尬问题，由于机构数量众多、业务交叉带来的恶性竞争问题，随着经济环境变化对城市低收入阶层的服务空缺等问题依然存在且亟待解决。

6.2.1 微型金融的使命漂移问题[①]

在微型金融供给问题的研究中，使命漂移始终是一个绕不过去的话题。因为微型金融从诞生之初，就被界定为服务于低收入阶层和小微企业，其最直接的作用就是有益于缓解和消除贫困，并改善低收入阶层生存状态。这就意味着微型金融一定要渗透到社会最底端的贫困阶层（无任何劳动、生产能力的赤贫除外），但纵观我国微型金融的发展，这种金融扶贫功能更多的是由政策性银行和农业银行完成的，而且它们完成这种任务更多的是基于政治性角度，若从商业性角度出发考察，我国各类金融机构在扶贫问题上都存在使命漂移问题。

为了鼓励金融机构能将业务下沉到最底层的农户，财政部先后发文对向低收入农户发放小额贷款的金融机构获得的利息等收入给予税收优惠，在财税〔2010〕4号文件《关于农村金融有关税收政策的通知》中，不仅明确规定了对小额信贷的各种税收优惠，而且特意指出：小额贷款指单笔且该户贷款余额总额在5万元以下（含5万元）的贷款。这个文件的有效期是2009年1月1日到2013年12月31日。2014年财政部又以财税〔2014〕102号文件《关于延续并完善支持农村金融发展有关税收政策的通知》（有效期是2014年1月1日到2016年12月31日）将享受税收优惠

[①] 本部分内容为笔者于2016年发表在《区域金融研究》第2期的论文《基于博弈论的微型金融使命漂移问题分析》中部分内容。

的小额贷款额度提高到"单笔且该户贷款余额总额在 10 万元（含）以下贷款"。不过有数据显示，截至 2011 年末，四川省已开业的 111 家小额贷款公司贷款笔数总计为 2.39 万元，平均每笔贷款金额约为 68 万元[①]；前述对山东省的调研也发现，山东省 2015 年以来农业银行、农商行等发行的扶贫贷款较低额度的每笔也在 15 万~18 万元，远远高于税收优惠的小额贷款额度。

在山东省的金融机构调研中发现，无论是央行工作人员还是农业银行、农商行这类商业性金融机构的信贷人员，都秉持同一个观点：商业银行就是以盈利为目的的自主经营、自负盈亏的企业，本身没有扶贫义务，金融扶贫和财政无偿拨款扶贫一样，就应该是政府行为。很显然，从可持续经营的商业性企业角度来讲，这种观点无可厚非，但是综观全球各国的金融扶贫，既有国家层面的政策性扶贫，也有金融机构自身主动兼顾的扶贫与可持续双重目标的良好运行。那么，中国的微型金融服务真的就永远像调研中存在的情况一样，普惠金融理念中深度和广度不可兼顾、非要被分割为互不往来的两个层次、福利主义与制度主义必须截然分开、扶贫的福利主义只能由央行以派遣"政治任务"的形式指定某些银行完成吗？

6.2.1.1　政府与微型金融机构博弈模型的构建

微型金融扶贫使命的坚守与持久，对于国家早日实现减少贫困的目标有极大帮助。但是，因为微型金融机构面对的穷人生存环境往往比较恶劣，这会极大制约微型金融机构资金的使用效率和回收率，加之微型金融机构自身面临着资金来源、自负盈亏以及规模经济等方面的压力，因此，要使微型金融扶贫使命不发生漂移，需要政府的介入引导和支持。基于此，本书设计的博弈模型如下：

参与人：政府和微型金融机构。

策略：政府——支持、不干预；微型金融机构——以扶贫为核心目标、以可持续发展为核心目标。

支付矩阵反映了参与双方在博弈过程中采取不同策略组合时的收益和支出情况，是双方行为选择的依据。因此，从收益和成本两个方面设立如

---

① 数据来源于：四川小额贷款公司量质齐增　新增资本 131.55 亿 [EB/OL]. 国培机构网，http://www.guopeiwang.com/Article/8654.html，2012-02-15.

下参数假设：

（1）政府支持微型金融的发展，这种支持，一是直接投资于基础设施建设，为改善农户生存环境提供道路、通信、教育、卫生、医疗等方面的基础服务，假设该类服务投资成本为 c；二是对从事以扶贫为核心目标的微型金融机构给予税收优惠，在正常税率 t 的基础上优惠比率为 γ。

（2）政府将微型金融视为市场行为，对其不予干预，则没有专门成本 c 的付出；并且对微型金融机构的收益不再区分其业务宗旨，一律按税率 t 收税。

（3）以扶贫为核心目标的微型金融机构取得的税前收益为 R_1；因为政府在基础设施及公共服务等方面进行了配套投资，因此在促进农户脱贫、农业发展、农村经济水平提高直至整体国民经济良性发展上收效明显，设为政府带来的这一系列间接收益为 h_1。

（4）以扶贫为核心目标的微型金融机构在市场机制下独立运作，取得税前收益为 R_1，但因为政府不干预，即没有提供配套良好的资金运行环境，使微型金融行为的正外部性受到制约，因此为政府带来的间接受益为 h_3。

（5）以可持续发展为核心目标的微型金融机构主要是向运行情况良好的企业和农村富裕户放款，取得的税前收益为 R_2，则有 $R_2>R_1$。与此同时，为政府带来的间接受益为 h_2。

（6）因为政府的一个工作重点就是实现减贫目标，因此诸多行为取得的社会收益中，h_1 最大。同时，在没有政府支持的情况下，坚持可持续发展带来的收益大于以坚持扶贫为核心带来的收益，而这两种收益的外部性为政府带来的间接收益也同向变化，故有 $h_1>h_2>h_3$，且假设 $h_1>h_3+c$。

（7）为使问题简化，无论政府采取何种策略，都不对微型金融机构的税前收益带来直接影响，微型金融机构的税前收益只是取决于其自身行为选择；政府的策略选择只是对政府的收益和成本带来影响。

（8）设政府的风险偏好为 λ_g，表示政府试图花费提供基础设施和公共服务的成本来激励微型金融机构完成扶贫使命的意愿；微型金融机构的风险偏好为 λ_m，表示微型金融机构希望通过使命漂移实现其长期可持续发展的倾向。

基于以上参数，建立支付矩阵（见表6-2）。

表 6-2 微型金融机构与政府博弈的支付矩阵

政府		微型金融机构	
		以扶贫为核心目标	以可持续发展为核心目标
	支持	$R_1t(1-\gamma)+h_1-c, R_1[1-t(1-\gamma)]$	$R_2t+h_2-c, R_2(1-t)$
	不干预	$R_1t+h_3, R_1(1-t)$	$R_2t+h_2, R_2(1-t)$

设政府支持微型金融的程度为 α，不干预的程度为 $1-\alpha$；微型金融以扶贫为核心目标的概率为 β，以可持续发展为核心目标的概率为 $1-\beta$。

6.2.1.2 混合策略纳什均衡点的确定

(1) 政府支持微型金融发展的最优程度 α^* 的测定。给定政府支持微型金融发展的程度 α，则微型金融机构选择以扶贫为核心目标（$\beta=1$）和以可持续发展为核心目标（$\beta=0$）的期望收益分别为：

$\pi_m(\alpha, 1) = \alpha R_1[1-t(1-\gamma)] + (1-\alpha)R_1(1-t) = \alpha R_1 t\gamma + R_1(1-t)$

$\pi_m(\alpha, 0) = \alpha \lambda_m R_2(1-t) + (1-\alpha)\lambda_m R_2(1-t) = \lambda_m R_2(1-t)$

由 $\pi_m(\alpha, 1) = \pi_m(\alpha, 0)$ 得到政府支持微型金融发展的最优程度为：

$$\alpha^* = \frac{(R_2-R_1)(1-t)}{R_1 t\gamma} \quad (6-1)$$

(2) 微型金融机构以扶贫为核心目标的概率 β^* 的测定。给定微型金融机构以扶贫为核心目标的概率为 β，则政府选择支持微型金融（$\alpha=1$）和不干预（$\alpha=0$）的期望收益分别为：

$\pi_g(1, \beta) = \beta[R_1t(1-\gamma)+h_1-\lambda_g c] + (1-\beta)(\lambda_m R_2t+h_2-\lambda_g c)$
$= \beta R_1 t - \beta R_1 t\gamma + \beta h_1 + \lambda_m R_2 t + h_2 - \lambda_g c - \beta \lambda_m R_2 t - \beta h_2$

$\pi_g(0, \beta) = \beta(R_1t+h_3) + (1-\beta)(\lambda_m R_2t+h_2) = \beta R_1 t + \beta h_3 + \lambda_m R_2 t + h_2 - \beta \lambda_m R_2 t - \beta h_2$

由 $\pi_g(1, \beta) = \pi_g(0, \beta)$ 得微型金融机构以扶贫为核心目标的最优概率为：

$$\beta^* = \frac{\lambda_g c}{h_1 - R_1 t\gamma - h_3} \quad (6-2)$$

(α^*, β^*) 是政府与微型金融机构博弈的混合策略纳什均衡点，对应着政府与微型金融机构的最佳行为选择。此时，政府和微型金融机构的均衡期望收益值分别为：

$$\pi_g(\alpha^*, \beta^*) = R_2t+h_2-\beta^*(R_2t-R_1t+h_2-h_3) \quad (6-3)$$

$$\pi_m(\alpha^*, \beta^*) = \lambda_m R_2(1-t) \quad (6-4)$$

6.2.1.3 微型金融机构的使命漂移空间及其影响因素

为了使实际收益大于式（6-4）所表示的均衡期望收益值，微型金融机构会根据政府对微型金融的支持力度选择相应的行动。当政府的支持力度小于 α^* 时，微型金融机构的最佳选择是以自身可持续发展为核心目标；当政府的支持力度大于 α^* 时，微型金融机构的最佳选择是以扶贫为核心目标。此处称 $V_m = \{\alpha | \alpha \in (0, \alpha^*)\}$ 为微型金融机构的使命漂移空间。

通过对式（6-1）求偏导数，得到微型金融机构的使命漂移空间与主要影响因素间的关系（见表6-3）。

表6-3 微型金融机构的使命漂移空间与主要影响因素间的关系

因素	影响程度	影响关系	解释说明
$\dfrac{\partial \alpha^*}{\partial \lambda_m}$	$\dfrac{R_2(1-t)}{R_1 t \gamma} > 0$	$\lambda_m \uparrow, \alpha^* \uparrow, V_m \uparrow$	微型金融机构的风险偏好程度越大，使命漂移的倾向越强，政府加大支持力度以遏制使命漂移的意愿越强烈
$\dfrac{\partial \alpha^*}{\partial R_1}$	$-\dfrac{\lambda R_2(1-t)}{R_1^2 t \gamma} < 0$	$R_1 \uparrow, \alpha^* \downarrow, V_m \downarrow$	微型金融机构以扶贫为核心目标的收益越大，其使命漂移的倾向越弱，从而政府可以降低支持力度
$\dfrac{\partial \alpha^*}{\partial R_2}$	$\dfrac{\lambda_m(1-t)}{R_1 t \gamma} > 0$	$R_2 \uparrow, \alpha^* \uparrow, V_m \uparrow$	微型金融以可持续发展为核心目标获得的收益越大，使命漂移的倾向越强，政府加大支持力度以遏制使命漂移的意愿越强烈
$\dfrac{\partial \alpha^*}{\partial t}$	$-\dfrac{\lambda_m R_2 - R_1}{R_1 t^2 \gamma} < 0$	$t \uparrow, \alpha^* \downarrow, V_m \downarrow$	政府加大对微型金融的征税力度，造成其使命漂移的税后收益下降，会降低使命漂移可能性，从而政府可以降低支持力度

续表

因素	影响程度	影响关系	解释说明
$\dfrac{\partial \alpha^*}{\partial \gamma}$	$-\dfrac{(\lambda_m R_2 - R_1)(1-t)R_1 t}{R_1 t \gamma^2} < 0$	$\gamma\uparrow,\ \alpha^*\downarrow,\ V_m\downarrow$	政府对坚持扶贫的微型金融税率优惠越多，微型金融使命漂移的倾向越弱，从而政府可降低其他方面的支持力度

6.2.1.4 政府的支持空间及其影响因素

同微型金融机构一样，政府为了使自身收益最大化，且能够大于式（6-3）所表示的均衡期望收益值，会根据微型金融使命漂移的具体情况选择相应的支持力度，当微型金融实际的扶贫概率小于 β^* 时，政府的最佳选择是采取支持措施，纠正微型金融的使命漂移现象；当微型金融实际的扶贫概率大于 β^* 时，政府的最佳选择是不干预。此外称 $V_g = \{\beta \mid \beta \in (0, \beta^*)\}$ 为政府的支持空间。

通过对式（6-2）求偏导数，得到微型金融机构的使命漂移空间与主要影响因素间的关系（见表6-4）。

表6-4 政府的支持空间与主要影响因素间的关系

因素	影响程度	影响关系	解释说明
$\dfrac{\partial \beta^*}{\partial \lambda_g}$	$\dfrac{c}{h_1 - R_1 t \gamma - h_3} > 0$	$\lambda_g\uparrow,\ \beta^*\uparrow,\ V_g\uparrow$	政府支持微型金融完成扶贫使命的意愿越强，越会选择支持行为，从而使微型金融机构表现出较强的扶贫意愿
$\dfrac{\partial \beta^*}{\partial c}$	$\dfrac{\lambda_g}{h_1 - R_1 t \gamma - h_3} > 0$	$c\uparrow,\ \beta^*\uparrow,\ V_g\uparrow$	政府在基础设施和公共服务上投入越大，越体现出较强的支持扶贫倾向；微型金融机构扶贫意愿也会加强
$\dfrac{\partial \beta^*}{\partial h_1}$	$-\dfrac{\lambda_g c}{(h_1 - R_1 t \gamma - h_3)^2} < 0$	$h_1\uparrow,\ \beta^*\downarrow,\ V_g\downarrow$	实施支持策略后政府取得的收益越大，社会经济发展越好，需要扶贫的对象会越少，于是政府的支持空间会缩小，微型金融机构的扶贫支出比例也会下降

续表

因素	影响程度	影响关系	解释说明
$\dfrac{\partial \beta^*}{\partial h_3}$	$\dfrac{\lambda_g c}{(h_1-R_1 t\gamma-h_3)^2}>0$	$h_3\uparrow$,$\beta^*\uparrow$,$V_g\uparrow$	微型金融机构的独立扶贫行动社会效果越好,越能激发政府加大对其支持的力度,从而微型金融机构的扶贫意愿会更强烈
$\dfrac{\partial \beta^*}{\partial \gamma}$	$\dfrac{\lambda_g c R_1 t}{(h_1-R_1 t\gamma-h_3)^2}>0$	$\gamma\uparrow$,$\beta^*\uparrow$,$V_g\uparrow$	政府对以扶贫为核心目标的微型金融税率减免越多,政府支持意愿越强,微型金融坚持扶贫目标的倾向就越大
$\dfrac{\partial \beta^*}{\partial t}$	$\dfrac{\lambda_g c R_1 \gamma}{(h_1-R_1 t\gamma-h_3)^2}>0$	$t\uparrow$,$\beta^*\uparrow$,$V_g\uparrow$	政府税率提高,降低了微型金融机构税后利润预期,会促使微型金融机构加大扶贫倾向
$\dfrac{\partial \beta^*}{\partial R_1}$	$\dfrac{\lambda_g c t \gamma}{(h_1-R_1 t\gamma-h_3)^2}>0$	$R_1\uparrow$,$\beta^*\uparrow$,$V_g\uparrow$	以扶贫作为核心目标的微型金融机构在政府支持下收益提高,会激发微型金融机构扩大扶贫倾向

在市场主导下,微型金融机构自身只有使命漂移的激励,而缺乏持续扶贫的激励。对于微型金融使命漂移的预防与纠正,必须依赖外部力量。对此可以用一个简单的纯策略博弈模型加以说明。

6.2.1.5 政府是预防及纠正微型金融机构使命漂移的主导者——一个简单的博弈模型

设博弈双方为任意两家微型金融机构,可选择的策略均为以扶贫为核心目标、以可持续发展为核心目标。具体参数有:①当博弈双方均选择以扶贫为核心目标时,各自收益均为 R_2。②当博弈双方均选择以可持续发展为核心目标时,各自收益均为 R_3。③当博弈一方选择以扶贫为核心目标、另一方选择以可持续发展为核心目标时,前者的收益为 R_1、后者收益为 R_4。④因为双方的竞争会降低各自的利润,因此上述参数中,有 $R_1<R_2<R_3<R_4$。微型金融机构之间使命漂移博弈的支付矩阵见表6-5。

表 6-5　微型金融机构之间使命漂移博弈的支付矩阵

		微型金融机构 B	
		以扶贫为核心目标	以可持续发展为核心目标
微型金融机构 A	以扶贫为核心目标	R_2，R_2	R_1，R_4
	以可持续发展为核心目标	R_4，R_1	R_3，R_3

在这个基于市场导向设计的博弈模型中，博弈均衡点是占优策略均衡，双方毫无疑问都会选择以可持续发展作为核心目标。即使进行重复动态博弈，结果也不会改变。这个模型清楚地说明，对于微型金融使命漂移的预防与纠正，必须依赖外部力量，确切地说，要靠政府在外部进行引导和推动。

6.2.2　内源性金融机构处境尴尬

所谓内源性金融机构可以简单地理解为其资金来源与运用均在机构内部成员之间进行，或主要是在机构内部成员之间进行。低收入群体数量众多，其获得正规金融服务的机会很少，因为无抵押物、信用记录缺失等，造成金融机构放款的管理费用过高，所以被正规金融机构排斥。而内源性的金融机构，如最早在农业银行支持下遍布农村的农村信用合作社就是区域性内源性的金融机构。但随着经济的发展和金融机构的扩张，反而造成一种以低收入阶层为核心服务对象的金融服务机构的供求进一步失衡的局面。

6.2.2.1　地方性、区域性金融机构争相升级

随着经济发展和金融体制改革的深化，各类金融机构不断扩大经营范围、提升竞争能力。1995 年，国务院颁布了《国务院关于组建城市合作银行的通知》（国发〔1995〕25 号），初衷是对遍布全国的 5000 多家体制陈旧、风险显现、监管乏力的城市信用社进行清理整顿，使其更好地发挥为中小企业服务、为地方经济搭桥的功能，结果从第一批城市信用社转制为城市商业银行试点开始，就拉开了信用社体制的彻底变革。城市信用社逐步都转制为城市商业银行，其经营对象也不再局限于仅面向本地中小企业，许多资金实力较为强大的城商行和其他商业银行一样，开始在全国设

立分支机构。2003年国务院和银监会先后出台《国务院关于印发深化农村信用社改革试点方案的通知》(国发〔2003〕15号)和《中国银行业监督管理委员会关于印发〈农村商业银行管理暂行规定〉和〈农村合作银行管理暂行规定〉的通知》(银监发〔2003〕10号),这两个文件又将农村信用社推入了转制为商业银行的通道。这种信用社向商业银行的转制,不仅意味着经营体制的改变,同时也意味着其服务领域、服务对象的上移。

6.2.2.2 农村信用合作社"合作互助"性质有名无实

无论是城市还是农村的信用合作社,按照信用合作的性质,都应该是由社员出资组成、以互助为宗旨、在社员间进行资金融通的非营利性的合作金融组织。合作社的资金来源于社员,又在社员中流动,属于典型的内源性金融机构。不过,我国的农村信用社,无论是在中华人民共和国成立之初组建的,还是发展到2014年末尚未改制为农商行的1596家①,从合作社的管理到资金的内源性、营利性以及合作互助的性质大多数时间内都是有名无实的。

1951年,在国家的强力推动下,全国各地开始组建农村信用社,最开始还是一乡一社、会员互助合作,到1957年以后就交由公社管理,基本脱离了合作制目标。1996年,《国务院关于农村金融体制改革的决定》出台,将农村信用社改革作为农村金融体制改革的重点,希望农村信用社与农业银行脱离行政隶属关系,将农村信用社变为由农户、农村集体经济组织和农村信用社职工入股组成,由社员民主管理,主要为入股社员服务的合作性金融组织。但这种对合作性质的强化并没有使基层农户获得很大益处,例如,从1984年开始,信用合作社的农户存贷比持续下降,到2000年,存贷比下降至0.19(何忠伟,2004),农户的存款被大量转移至城市,用于更高收益的放款,完全是一种以盈利为目的的经营模式,本质上就是商业银行。而且,在农村信用社运行过程中,与这种资金的外流并行的是,信用社由社员入股这个条件也基本消失,大多数信用社入股的"社员"都是以"储"代股,以债权代替股权,加之其对营利性的追求,必然吸引外来资本入股,并且逐步取代了社员入股的初创形式。其资金管理方式、资金来源和投向都是商业银行模式,农户要获得贷款必须履行严格的抵押、

---

① 数据来源于《中国金融年鉴》(2015)。

质押等程序。进一步地,国家在 2003 年出台的《关于印发深化农村信用社改革试点方案的通知》(国发〔2003〕15 号),更是鼓励在经济比较发达、城乡一体化程度较高的地区,将农村信用社改制为股份制商业银行,就是今天的农村商业银行。不过,一些转制前的农村信用社,由于产权不明晰、股东大会虚设、放款效率低下、亏损严重,有些学者戏称农村信用社虽然没有坚持互助合作性质,却坚守了不以盈利为目的的宗旨。

6.2.2.3 内源性金融机构形式各异、处境尴尬

目前,我国内源性金融机构主要是分布在农村的各种形式的互助社。国家在 2006 年出台《中华人民共和国农民专业合作社法》(中华人民共和国主席令第 57 号),2007 年银监会颁布《农村资金互助社管理暂行规定》(银发〔2007〕7 号),这两个法律、法规主要是推动农村内源性金融机构规范发展。不过,具体考察我国的农村互助社,则体现出形式各异、处境尴尬的特点和问题。

农村资金互助社是全国仅存的获得银监会颁发的金融许可证的内源性金融机构,到 2014 年末全国只有 49 家[1],山东省有 2 家。而农民专业合作社则受地方农业部门指导、由工商部门批准颁发营业执照,属于不在央行和银监会监管范围的普通企业,山东省则将其划入山东省金融工作办公室监管,视为非银行金融企业,2015 年末,山东有农民专业合作社 78 家[2]。

与此同时,分布在全国各地农村更大数量的是不受上述主管部门监管、目前没有大范围也没有很确切统计数据的各类内部资金互助社。例如,据山东《大众日报》的报道,2014 年 4 月临沂市发布的一份调查报告显示,临沂全市开展信用合作的各类农村合作社有 299 家,其中 1 家就是 2008 年山东省首个获得银监会金融许可证的沂水县姚店子镇聚福源农村资金互助社,除此之外,实际开展内部资金互助的 234 家,供销社系统内互助社 24 家,还有 40 家以融资贷款为主的农村贷款互助合作社。这样看,仅一个地级市就有各种牌照的互助社近 300 家,说明农户和低收入阶层对内源性金融机构的具有一定的需求。同时,这么多家互助社能够在庞大的金融体系中小心翼翼、尴尬又顽强地生存下来,一方面意味着它们存在一

---

[1] 数据来源于《中国金融年鉴》(2015)。
[2] 数据来源于山东省金融工作办公室。

种天然的内生的激励与约束相容机制（周立，2010），使得这些内源性金融机构或者被称为草根金融的机构既有供给的欲望，也有可持续经营的能力；但另一方面它们面对的监管不同、主要经营目标不同、生存方式各异。

农户对这种内源性金融的需求主要是基于其便利和强大的亲缘性。例如沂水县姚店子镇聚福源农村资金互助社，从2008年挂牌成立，到2014年9月累计向社员发放285笔贷款，总额2231.5万元，未发生一笔坏账。利率一般是月息13‰，基本与村镇银行等贷款利率相同，但从互助社贷款，不用抵押质押，一般上午申请，下午就能拿到款项。社员间不仅由于彼此熟悉而降低了由于信息不对称可能导致的逆向选择和道德风险，并且这种亲缘性也使得存款相对稳定，贷款还款状态良好。

但是，各类互助社受到的监管不同，造成它们的未来发展具有了不确定性。有金融许可证的农村资金互助社一般能把风险控制、为社员服务放在首位，但因为受到银监会严格的管控，其资金扩张受到极大的制约，基本没有盈利，发展速度缓慢。受各级政府金融办公室监管的农民专业合作社，因为没有取得金融许可证，不属于独立的法人机构，所以外部融资受限，同时其贷款投向、额度也都受到相关法律法规的约束，不能向非社员放贷，即使对方就是很熟悉的村民，只要没有加入互助社，就不能向他发放贷款。其余数量更多的是"半地下"性质的各种互助社，基本无特定监管方，只是在工商部门注册，营业范围加上一条"资金互助"，这样的互助社融资范围、放款范围和额度都比较大，发展较快，并且有了跨区域经营的能力，它们反而对"体制内的正规军"形成较大的冲击。

不过，除了获得银监会颁发金融许可证的数量微乎其微的互助社，其余各类互助社都面临着政策、体制、监管等不明朗带来的未来发展的不确定问题，处境尴尬。

6.2.3 城市社区银行稀少，专业微型金融机构缺位

多年来，无论是国家政府还是金融机构，一直把扶贫和微型金融服务的关注点集中于农村和农民。现实中，伴随着经济发展和城镇化进程，国民经济中人群的分异已经表现出与改革开放之初极大的不同。最初人口的分异体现为城乡的二元结构带来的市民和农民的贫富差异；改革开放后，则在城市和乡村各自内部都呈现出贫穷和富有的二元结构；随着城镇化进

程的推进,城市又出现一个进城务工的低收入群体,这样,城市的低收入群体实际上应该既包括原有市民因为下岗、失业、伤病等导致的贫困户,也包括常年打工、居住在城市但没有市民待遇的农民工。这些农民工依赖于在城市的打工收入,如前所述,对深入到农村的微型金融服务没有需求,但对在城市创业具有潜在的资金需求。我国的常住人口城镇化率在2011年就超过了50%,说明城市低收入阶层和农民工实际构成了一股较大的对城市微型金融服务的潜在需求。不过,由于微型金融扶贫及普惠的重点都放在了农村,城市则主要集中于面向小微企业提供服务,因此在事实上极大地缩小了微型金融的受益面,造成城市低收入群体微型金融服务供给不足甚至空白。

城市低收入阶层(含农民工)与基本的信贷服务、保险、理财、投资抑或信托等多类型金融接触少,一方面是自我排斥,面对林立于高楼大厦间的大型金融机构望而却步,不知道自己能获得什么服务;另一方面是受到金融机构嫌贫爱富的外在排斥。还有一种是金融机构实施价格歧视政策带来的外在排斥,比如储蓄和理财业务,对一些约定收益率的产品,大多都以资金额度作为划分不同利率的标准,低收入阶层很难获得高收益的金融服务。

社区银行的概念最早是美国提出来的,指在特定地区范围内,按照市场化原则由地方自主建立、独立经营的商业银行。一般具有投资规模小,服务范围局限于社区内的家庭和中小企业,服务费比其他的大银行优惠的特点。目前,我国的村镇银行与美国的社区银行理念基本一致,只不过我国村镇银行仅设立在县域及以下地域,城市居民尚缺乏这种社区银行的贴身服务。

为填补城市社区银行这个空白,贯彻普惠金融理念,2013年原银监会发布《关于中小商业银行设立社区支行、小微支行有关事项的通知》,支持符合条件的中小商业银行在风险可控、成本可测的前提下设立社区支行、小微支行,走特色化、差异化发展道路。截至2014年末,全国中小商业银行共设立社区支行2840家、小微支行480家[①]。其中,社区支行是为了打通金融服务的"最后一公里",进入社区为社区居民服务,不办理对

---

① 数据来源于《中国金融年鉴》(2015)。

公业务；小微支行则主要定位于商圈，为商圈中的小微企业服务。就社区银行数量看，2014年末，全国城区面积为184099平方千米，城市人口密度为每平方千米2419人①，这样计算下来，大约每100平方千米才有1.5家社区银行，每一家社区银行平均为16.1万人服务，这个数据显然已经没有意义了，只能说明社区银行普及率过低，仅是在社区银行服务这张空白的纸上用细细的签字笔点了几个点而已。

这种社区银行究竟应该按照什么模式运行？如果只是在社区设立了一个类似于传统商业银行的储蓄所，仅为居民提供最基本的存取款服务的话，这种业务种类少、并非独立法人单位的机构真的能够解决社区银行空白的问题吗？另外，如果设立成独立法人，由于社区银行天然的资金规模小、相对抗击风险能力低的特点，储户存款资金安全如何保护？怎么让百姓认识并愿意接受其服务？显然，我国的微型金融系统中社区银行的建设任重而道远。

6.2.4 中小金融机构缺少经营特色，呈现恶性竞争趋势

1993年，国务院颁发《关于金融体制改革的决定》，着重指出加快农村金融改革，鼓励各类资本进入农村金融机构；2006年，原银监会又启动村镇银行试点。到2014年末，全国已有村镇银行1153家，农村信用社1596家，农村合作银行89家，农村商业银行885家。这些中小金融机构业务综合性越来越强，但业务范围、业务种类雷同，鲜有很突出的特色。这也导致各类中小银行县域金融机构业务发展竞争激烈，恶性竞争表现越来越明显。这种竞争主要表现在客源的争夺，既有通过高息揽存、存款返现、存款赠送礼物、开卡送礼物等在存款环节的竞争，更有如前所述的通过降低贷款利率、放松抵押担保条件等对贷款客户的争夺。一方面高息揽存提高了金融机构的成本，另一方面贷款利率的降低又直接降低了金融机构的收益，存贷差缩小，盈利能力降低，并且由于抵押担保条件的放松，使中小金融机构整体资产质量表现出下滑倾向。

---

① 数据来源于《中国统计年鉴》(2015)。

6.3 基于政府失灵的政府行为特征分析

微型金融的发展过程中,不仅存在基于市场失灵的供求主体双方的行为带来的一些问题,作为监管部门的政府的一些行为,也会给微型金融的发展带来一些负面影响或埋下潜在的隐患。

6.3.1 政府在金融扶贫上存在的问题

我国的扶贫资金主要分为三类:财政发展资金、以工代赈资金和扶贫贴息贷款。其中,财政发展资金和以工代赈资金均属于财政无偿拨款,财政发展资金由中央和地方财政出资,主要是中央的转移支付支出,然后由各地扶贫办和地方政府协调,用于老少边穷地区的生产建设。以工代赈资金则是由发改委牵头,主要以项目形式拨付款项,用于乡村道路、农田水利等基础设施建设,让贫困人口参加项目施工、带动贫困人口就业。扶贫贴息贷款则是一种财政扶贫与信贷扶贫的交叉融合形式,将资金贷放给贫困农户从事生产经营活动。在上述三种扶贫资金的使用过程中,以工代赈效果最好;其余无论是财政直接无偿拨款还是财政与信贷交叉的贴息贷款扶贫方式,大多都没有取得预期的效果。

6.3.1.1 扶贫贷款发放环节产生的低效率

(1) 财政部门与金融机构目标不一致产生的低效率。这种扶贫目标与贷款的结合本身就是由金融机构承担了部分财政的职能,这一点与金融机构的商业化经营是相悖离的。因为从商业化运营的角度看,金融机构资金的使用追求的是效率优先,而扶贫追求的则是社会效益优先。虽然财政部门给金融机构提供了贴息资金,并能提供一部分贷款损失的补偿资金,但是,因为贷款本金要由金融机构承担,同时非全额贴息的部分利息损失或者贴息都给予农户后可能导致的利息损失及贷款本金不能足额收回的大部分损失均要由发放扶贫贷款的金融机构承担,使得这些机构并不愿意参与扶贫工作。

(2) 扶贫贷款商业化经营改革后评价机制与其他普通贷款相同,加深了基层信贷人员和金融机构对发放扶贫贴息贷款的抵触。随着市场经济体制改革的深化,国务院、人民银行对金融机构发放扶贫贷款提出"自筹资金、自主经营、自担风险"的运作模式,如果金融机构资金不足,可以向人民银行申请正常利率的再贷款。这种经营模式,淡化了扶贫的政策性,突出了商业经营属性。也因此,人民银行、银监会对这些贷款质量的考评与普通贷款毫无二致。这样的结果迫使金融机构将放款任务下压信贷员时,对信贷员的考评也实施与其他贷款管理同样的绩效指标和办法。但是,扶贫对象毕竟大多都具有经济条件很差、基本无抵押担保能力、生产技能也较弱等特点,并且一般处于较偏僻的地方,向这样的群体放款,不仅增加了信贷员的风险,而且极大提升了放贷和收款的交易成本,所以才发生了前述的山东省某些县级金融机构的信贷员通过降低贷款户信用等级的办法推掉发放扶贫贷款工作的情况。基于对自身经营安全的考虑,基层的金融机构对信贷员的这种做法基本持默许的态度。

(3) 金融机构与政府机关的混合参与,增加了地方政府对扶贫资金使用的干预,出现扶贫资金不扶贫、被截留转移或者平均分配、流向效率低下企业等一系列问题。由于扶贫贷款往往以指标的形式指派给农业银行、农商行等涉农金融机构,而农业银行县域网点少,对底层贫困户状态信息空白、深入到贫困户放贷并管理的成本太高,所以往往是利用当地政府扶贫办提供的贫困户名单放款,或者干脆委托扶贫办帮助发放扶贫贷款。在实际的扶贫贷款发放过程中,并不是追求扶贫资金的使用效率,而是注入了大量的当地政府的意志,于是由此产生了诸如寻租带来的扶贫款被截留被转移、扶贫款不扶贫的情况,或者被当地政府发放给无市场竞争力、无发展前途的地方保护项目,或者被当作救济金平均分配到户等情况,既影响了扶贫款抵达真正贫困户手中的比率,也降低了扶贫效果和资金使用效率。

6.3.1.2 扶贫贴息贷款使用环节产生的低效率

(1) 扶贫贷款被截留、被转移使得扶贫目标不能很好实现。扶贫贴息贷款的根本目标是扶贫,但由于政府监管问题,导致被截留、被转移应用到高收益部门或者有钱人手中,更有甚者,被一些有权有钱有关系的人套取再贷放出去,直接影响了这些资金扶贫功能的实现。

(2) 地方扶贫机构对扶贫贷款的错误认识直接造成贫困户还款意识的缺失。有些地方政府、扶贫办的工作人员把扶贫贴息贷款当成财政扶贫资金,认为其就是救济金,他们只是负责将资金发放给贫困户,并不负责收回,所以,在向贫困群体发放扶贫贷款时并不强调其需要偿还,这直接导致接受贷款的贫困户也将贷款视为救济金,不需要偿还,或者虽然知道需要偿还本金,但还款意愿不强。既然无须偿还,在使用中,也经常发生将扶贫贷款用于非生产领域,从而无实际还款能力的情况,使得扶贫贷款帮助贫苦户脱贫的目标难以实现。

(3)缺少对贫困群体的教育和技能培训,贫困户生产能力低,导致扶贫资金使用效率低下,扶贫效果差。需要扶助的贫困群体缺少的不仅是资金的支持,还有自身因受教育水平低或根本没有接受过学校教育和技能培训导致的劳动效率低下、无一技之长而找不到挣钱门路等问题,所以,对贫困群体的扶助,还要从提高其劳动能力的角度入手才能达到长久的效果。但是,扶贫贷款作为金融资金,仅仅是分散地发放到贫困户手中,并不能推动对其进行知识技能的培训工作。

6.3.2 对新兴的互联网金融监管不到位,潜在风险大

伴随着计算机普及、互联网功能逐步被挖掘,我国的互联网金融早在20世纪末就悄然兴起,迄今大体经历了三个发展阶段:第一阶段是2005年之前,那时的互联网金融主要是互联网为实体金融机构提供技术支持,实现把银行搬到网上,开办一些网上银行、网上证券等业务。第二阶段是2005~2012年,这一阶段互联网金融从仅仅将互联网作为技术支撑服务于金融业转变为二者融合,出现了第三方支付这种网络借贷萌芽。第三方支付是指具备一定实力和信誉保障的独立机构,采用与各大银行签约的方式,提供与银行支付结算系统接口的交易支付平台的网络支付模式。今天大众使用的支付宝就属于第三方支付平台。第三阶段是2012年至今,其中2013年被称为"互联网金融元年",这一阶段互联网金融呈现爆发式增长,P2P网络借贷平台、股权众筹、互联网保险等金融机构和金融业务呈爆发式增长。截至2014年,全国有P2P网络借贷平台2358家,仅2014年就新增1825家;股权、商品、纯公益等各类众筹平台128家;开办互联网保险业务的保险公司85家,并且成立了1家网络保险公司[①]。又如手机微信支付、微信红包等的出现,使得支付手段增加,接受微型金融服务人群激增。正是这些新兴的互联网金融机构和服务方式的存在,有力地拓展了普惠金融的广度,对延伸普惠金融的深度也有很大价值。

---

① 数据来源于《中国金融年鉴》(2015)。

不过，与互联网金融爆发式增长不对称的是对于这些新兴的金融形式，监管部门反应相对滞后，监管未及时跟上，特别是不能做到过程监管。这些新兴的互联网金融形式有一个共同的特征是没有实体机构，受供双方都是在虚拟环境下完成交易，此时，政府的有效监管对确保资金的安全性、合规合法性，提高百姓对这些新兴金融机构的信赖程度都具有极其重大的意义。但对这些小而分散的、活跃在互联网上的新兴金融机构的监管也非常复杂，2014 年仅 P2P 网络借贷平台失联跑路、破产、提现困难的就有 287 家，2015 年上升为 1302 家 P2P 死亡、668 家跑路①，储户的资金安全遭受极大损失。这些数据都是在风险发生后才被发现并统计的，过程监管处于空白。到目前为止，究竟该由谁负责监管这些互联网金融机构、如何进行有效监管、监管的关键点在哪等问题都亟待解决。

6.3.3 政府多头监管，信息衔接不流畅

因为互联网金融发展迅速，并且已经出现一些跑路、破产的问题，2015 年由中国人民银行、工业和信息化部、公安部、财政部、国家工商总局、国务院法制办、原银监局、证监局、原保监局、国际互联网信息办公室共十个部门联合下发了《关于促进互联网金融健康发展的指导意见》（银发〔2015〕221 号），对互联网金融的发展监管问题进行了规范监管分工，落实了监管责任。其监管分工具体见表 6-6 和表 6-7。

表 6-6　2015 年互联网金融监管部门分工

	互联网支付	网络借贷	股权众筹融资	互联网基金销售	互联网保险	互联网信托和互联网消费
业务范围	提供依托互联网发起支付指令，转移货币资金的服务	包括 P2P 网络借贷和网络小额贷款	通过互联网进行公开小额股权融资	通过互联网销售基金等理财产品	包括专业互联网保险公司和普通保险公司通过互联网销售保险	信托公司和消费金融公司通过互联网开展业务

---

① 政府工作报告再提互联网金融　监管成行业重心［EB/OL］. 电子银行网，http：//www.cebnet.com.cn/20170306/102370887.html.

续表

	互联网支付	网络借贷	股权众筹融资	互联网基金销售	互联网保险	互联网信托和互联网消费
监管部门	人民银行	银监会	证监会	证监会	保监会	银监会

资料来源：《关于促进互联网金融健康发展的指导意见》（银发〔2015〕221号）。

表6-7 2015年互联网金融监管内容及分工

监管内容	部门分工
行业管理	工业和信息化部对金融机构涉及的电信业务进行监管，国家互联网信息办公室对信息内容进行监管
资金存管	要选择银行业金融机构作为资金存管机构，由其对互联网金融机构的资金进行管理和监督，实现客户资金与从业机构自身资金分账管理。人民银行和金融监管部门按照分工进行总的监管
消费者权益	人民银行、银监会、证监会、保监会会同行政执法部门按职责分工依法开展工作
网络与信息安全	人民银行、银监会、证监会、保监会、工业和信息化部、公安部、国家互联网信息办公室七部门分别负责
反洗钱	人民银行负责
防金融犯罪	公安部负责牵头打击互联网金融犯罪
行业自律	人民银行会同有关部门，组建中国互联网金融协会
监管协调与数据统计监测	人民银行、银监会、证监会、保监会负责关注业务发展、对监管政策进行评估调整；财政部负责财务监管政策；人民银行会同有关部门负责建立数据监控体系，相关部门按照分工负责金融数据统计和检测

资料来源：《关于促进互联网金融健康发展的指导意见》（银发〔2015〕221号）。

从表6-6和表6-7可以看到，面对形式多样、数量迅速增长的互联网金融，国家监管部门众多、监管内容和职责交叉重叠。这种状况从正面角度讲，可能会形成严密的蛛网式的监管体系，确保互联网金融的健康顺畅发展。从负面角度讲，也有可能造成由于监管交叉重叠，一方面束缚了互联网金融企业的手脚,由于被多头监管而增加了其管理成本;另一方面也可能由于多头监管、监管部门间职责不清晰而造成相互推诿、多头监管却多头不管的情况。另外,作为宏观管理部门和研究机构,监管数据的完整全面、真实有效至关重要,但监管部门过多,监管细则又均由具体监管部门拟定,很容易造成统计指标、统计口径的不一致,以及统计数据的不全面。例如,在调研中发现,从山东省银监局获得的关于国有商业银行的数据,包含工、农、中、建、交五大银行,但在人民银行济南分行编写的《山东金融年鉴》中,却把交通银行放到了股份制商业银行中,其国有商业银行仅包括工、农、中、建四大银行。

这种多头监管或监管分散的状态在其他微型金融领域也很突出。例如本书第 4 章已经列出的村镇银行、农村资金互助社、小额贷款公司,其营业执照签发部门和监管部门都不同;还有"草根"金融的农民专业互助社,其营业执照签发单位、监管单位各异,即使是同为农民专业互助社,监管单位也不同,有的是由地方各级政府金融工作办公室监管,有的则是供销社管理,还有数量众多的似乎没有明确的监管机构。这种状态不仅会造成微型金融市场的混乱、无序竞争以及由此造成的国家资源损失、人民财产损失,还会由于多方监管或监管缺失造成信息衔接不流畅,金融市场供求信息失真,直接影响国家制定出更有针对性的宏观调控政策。

6.4 本章小结

本章对制约我国微型金融体系建设发展的市场失灵和政府失灵问题,分别从市场需求主体、市场供给主体和市场监管主体——政府的角度进行了系统分析研究,以期能正确、全面地认识这些问题及其产生的根源,从而积极寻求解决问题的方法,推动微型金融健康发展,并为城镇化建设提供更优质的金融服务。

从需求主体分析,低收入阶层的自我排斥是造成微型金融有效需求不足的核心因素,而导致自我排斥的原因又有自身和外部两种,自身的原因主要是受教育水平低,对微型金融服务缺少认知以及因为受教育水平低,不能发现投资机会。自我排斥的外部原因则是交易成本高,主要是由于低收入阶层的资源禀赋稀缺,获取正规金融服务耗费的等待时间多,甚至还要支付寻租成本。内因是决定性力量，因此，要改变低收入阶层微型金融需求不足的状况，提高其受教育和培训水平至关重要。

从供给主体分析，国家从1994年试点小额信贷到2005年以后大规模推进村镇银行、小额贷款公司、互联网金融等微型金融机构发展，其初衷中很重要的一条就是希望利用这些微型金融机构将金融服务拓展到低收入阶层，但资本逐利的天性使得各类微型金融服务都有可能发生使命漂移，并且扶贫、为低收入阶层服务实际上仅仅是政府的希望，并不是微型金融机构的义务。与微型金融使命漂移同时并存的是内源性"草根"金融形态各异、监管混乱、潜在风险较大。显然，内源性"草根"金融是对"漂走"的微型金融服务的补充，这两种状况的并存说明服务于最底层的穷人也是有利可图的，而稍微正规些的微型金融机构以及大银行的微型金融服务之所以漂走，"草根"金融却非常愿意在"半地下"状态下从事小额贷款等金融活动，在某种程度上说明处于严格监管下的正规微型金融一定是受约束过多，或者它们的服务方式成本过高，总之其利润小于到更高层的地域提供服务，迫使其离开。这需要继续探索真正适合我国国情的能扎根于最基层的微型金融服务究竟应该如何设置，以及采取什么方式怎样提供服务才更有效率。

从政府角度分析，主要是两大问题，一个是对扶贫资金的管理问题，另一个是对微型金融机构特别是新兴和新型微型金融机构的监管问题。贴息扶贫贷款初衷很好，但无论是贷款的发放还是贷款的使用都表现出低效率的特点，显然其发放方式、发放机构、贷后管理都亟待改进。国家对于新兴和新型金融机构发展中出现的问题，发现是比较及时的，并能很快出台一些监管办法，但具体的监管办法由于涉猎面太广、涉及机构太多，可能会导致监管低效。建立一套过程监管模式可能是更好的解决办法。

7 人口城镇化进程中微型金融体系建设政策建议

从前面的研究可以看到,微型金融的发展对人口城镇化进程有很大的促进作用,同时,人口城镇化进程也会刺激、推动微型金融的发展。所以,应借力于国家新型城镇化发展战略的实施,借鉴并吸取其他国家微型金融发展的经验和教训,从政府、大型金融机构、微型金融机构等各方面着手,推动我国微型金融体系的建设。

7.1 微型金融发展国际经验借鉴

中国已经成长为世界第二大经济体,人均 GDP 也在不断地稳步提高,因此中国微型金融的发展可以借鉴美日等发达国家发展的经验,并借助国际金融机构谋求更好的发展。

7.1.1 美国丰富而完善的微型金融服务体系

作为世界上经济最发达的国家,美国的微型金融机构也颇为丰富,涵盖了城市、农村不同地域和不同经济状况的服务对象。

7.1.1.1 遍布全美的社区银行

美国人均拥有的银行数量居发达国家之首,这主要源于其拥有数量巨大的社区银行(Community Bank)。美国的社区银行最早起源于 1867 年成立的 Lykens Valley 银行。社区银行是在一定社区范围内,按照市场化原则设立的独立经营、主要服务于社区中小企业和居民的地方性金融机构,其资产规模可以达几百万美元到数亿美元。

据美国独立社区银行协会（Independent Community Bankers of America，ICBA）统计，截至2002年底，全美共有8932家社区银行和39094个分支机构，到2015年统计时，社区银行分支机构增长到5.2万个，覆盖了美国99%的地域。在近9000家社区银行中，有大约2500家存在了100年以上。社区银行网点有54%分布在农村，26%分布在城市的郊区，4%分布在西北部，只有16%分布在城市，承担着全美超过50%的小企业贷款和超过70%的农业贷款（安翔，2007）。社区银行包括商业银行、储蓄银行、证券公司等类型，其业务涉及存贷款、信托、保险、投资、理财等各个方面。

社区银行是以盈利为目的的私营金融机构，其发放的贷款均是本着营利性、安全性和流动性原则进行的。其资金主要来源于社区内的居民和小企业，股东和董事也由当地居民组成。社区银行最大的优势是拥有难以被查证、被量化和传递的"软信息"，通过这些软新息，其很好地克服了借贷双方信息不对称的问题，并由此将关系型贷款作为其经营的长项。社区银行具有机构扁平化的特点，更易于全面细致地了解客户需求，可以提供不同目标客户群需要的产品。例如，发放农民购买日常经营需要的种子、肥料、饲料、农机配件的短期贷款，一般是签订一个信贷总协议，约定总的贷款额度，在贷款期限1年内，只要不超过总额度，可随时借款也可以随时还款，利息则按实际借款余额逐日计算。贷款可以用农作物、家畜、机械等抵押，也可以由第三者担保，信誉良好、期限较短的还可以信用担保。

如前所述，社区银行核心存款主要来源于区域内的客户，这些客户对利率变动不敏感，存款稳定，流动性风险小。社区银行的平均存款利率为0.86%，贷款利率为5.75%，较大的存贷利率差收益和扁平化机构设置对成本的节约确保其盈利。与此同时，为服务于社区居民和小企业，据美国有关机构2001年公布的数据，社区银行在支票转账等服务方面收费低于大银行15%左右（宋瑞敏，2007）。不过，相比大银行，社区银行的收益主要来源于存贷利差和投资收入，中间业务收入相对较少。

社区银行的风险控制体系由内到外分为三个层级：第一层级（核心层级）是银行信息管理系统，通过处理银行交易数据发现风险；第二层级是一系列的内部风险管理的审查过程，包括内部稽核、外部审计、内部风险管理部门、经营层和董监事会对银行的监督管理；第三层级为监管机构进行的监管以及行业协会的自律，监管机构只负责审查社区银行的信息管理系统和内控机制，并不代替银行进行风险识别和控制。第一、第二层级的风险控制体系属于风险内控体系，第三层级属于风险外控体系。其中，因为大部分社区银行规模较小，所以第一层级的信息管理系统一般外包；第二层级中的内部稽核工作也常常外包给审计公司，以降低成本。

1977年美国颁布《社区再投资法》，为社区银行生存定位提供了法律保障。该法要求社区金融机构向社区内中低收入居民提供信贷，并由多个监管机构进行考核监督，按金融机构对社区的贡献进行评级，督促本地区吸收的存款资金投入到区域建设中，减少资金外流。这一规定对保护社区银行的生存起到很大作用。社区银行在小城市和农村，无论是网点数量还是存款总额都在当地银行业中占绝对优势。

20世纪90年代以来，美国的金融管制无论是地理管制还是业务管制都有所放松，加上信息化的飞速发展，美国银行业并购浪潮汹涌，社区银行也一度出现被吞并或者跨区域合并状况；也有部分社区银行开始放弃传统的抵押贷款、农业贷款和无特定指向小额贷款，开始转向收益率更高的其他业务。不过，根据美国联邦存款保险公司的统计，背离传统业务的社区银行大多都是20世纪80年代以后成立的年轻银行，老的社区银行还是坚守着传统业务，坚守着传统社区银行的品质，并且根据统计，经营这三种传统业务的社区银行破产率最低。在2015年4月（也是美国一年一度的"社区银行月"），得克萨斯州州长格雷格·阿伯特表彰社区银行是"确保城市和小镇发展的金融脊梁"（朱丽杰、洪正阳，2015）。

7.1.1.2 专为农户服务的农民家计局

美国农民家计局是由美国农业部直属管辖，为创立自耕农户、改善农民生活、改进农业生产而设立的信贷机构，其前身是1935年成立的"农业重振局"，1937年改组为"农业保障局"，随着职责范围不断扩大，1946年改名为农业家计局。

农业家计局的信贷活动主要有两种：一是对新创业的和低收入的农民，以及因灾害或市场波动遭受损失、不能从正常渠道获得资金的农民进行扶持、救助；二是对农村社区改造、环境保护等提供资金，对一些公益项目实行无偿拨款。

农业家计局的资金来源有三个：一是由农业家计局承保发行债券筹

资。二是动员商业银行等金融机构按照农业家计局计划向农民发放贷款，贷款利率由借贷双方商定，家计局为贷款提供担保。因为有家计局做担保，商业银行还是愿意配合家计局，为农民放款的。三是美国国会拨款，拨款主要用于发放无偿拨款项目、利息补贴、弥补未收回的各项贷款损失。不过，国会拨款数额有限，每年用完即止，当年不再补充拨付。

7.1.1.3 专为小企业服务的小企业管理局

美国联邦中小企业管理局（Small Business Administration，SBA）创建于1953年，1958年被美国国会确定为"永久性联邦机构"。其资金主要来源于国会拨款的周转资金和收回的贷款本息，其宗旨是为不能从正常渠道获得足够所需资金的小企业提供融资帮助。小企业管理局提供的金融服务有直接给小企业放款、参与联合贷款、为小企业提供担保等。20世纪70年代以后，小企业管理局也开始为大农场提供贷款，这些大农场有一部分是通过农民家计局获得小额度贷款后，经济状况变好，无法再得到农民家计局贷款，则它们的贷款需求由小企业管理局提供。

7.1.1.4 扶贫的小额贷款乡村银行

作为GDP全球第一的美国，同样也有穷人。根据美国人口普查局2013年人口调查结果，在美国尚有超过4600万人生活在贫困线以下。在这些人中，大约有1940万人居住在都会区的主要城市里[①]。创办了世界第一家专门向贫困家庭贷款的孟加拉国乡村银行的穆罕默德·尤努斯于2008年在美国创办了美国乡村银行（Grameen America）。同孟加拉国的乡村银行一样，美国乡村银行也是非营利性微型金融机构，主要致力于为美国的贫穷工人，特别是妇女提供小额贷款、培训以及其他服务，以帮助她们通过创业摆脱贫困，改善她们自己以及家庭的经济状况。2008~2014年，美国乡村银行为超过32000名女性提供超过1.71亿美元的小额贷款。

美国乡村银行利用世界最大的地理信息系统技术提供商——美国环境系统研究所公司（Environmental Systems Research Institute Inc，ESRI公司）提供的地理人口统计信息，准确地找到目标市场并识别城市内特定地点，进而建设新的乡村银行或分支机构。在美国乡村银行创建后的6年间，其

---

① 数据来源于http：//www.city8.com/dixingtu/6694170.html，2014年12月30日。

已经在包括纽约、洛杉矶、波士顿等在内的 11 个城市联邦贫困线以下人口聚居区设立了分行。与 ESRI 的合作，使美国乡村银行能够很好地利用 ESRI 公司的数据收集和分析能力为全国各地的社区提供精准服务。

不过，由于美国对银行业启动资金要求很严格，所以，美国乡村银行并不是实际意义上的能够同时经营存贷款业务的商业银行，其资金来源主要是捐赠人捐款和乡村银行所在地赞助商赞助。

可以看到，美国的微型金融体系几乎能够覆盖所有小企业、社区和低收入阶层的需求，按照微型金融福利主义和制度主义区分，增大普惠金融的广度的任务是由制度主义的社区银行和政府部门兴办的小企业管理局完成的。社区银行属于私营银行，其可持续经营状态已经维持上百年，不过，随着信息化程度加深，大型银行通过网络的普及、渗透，对社区银行的未来发展带来较大的竞争压力和威胁，与驻地居民共生共存、生死相依的持久关系可能是维系其到目前为止尚能获得较稳定资金来源和经营收益的一个无形保障。小企业管理局则为全国无法从正规金融机构获得服务，又不再是扶贫对象的小企业服务，是对社区银行服务的一个补充。拓展普惠金融深度的扶贫任务则基本上是由农业家计局和新兴的小额贷款乡村银行完成的。这两类机构维持运行的主要资金来源有国会拨款、在政府担保的前提下债券筹资或者商业银行放款、捐款和赞助。扶贫资金的运用以借贷方式为主、无偿拨款为辅，其中无偿拨款主要是用于土壤改良、兴修水利等公共设施支出。

美国乡村银行利用先进的地理信息技术圈定贫困人口聚集区进行"精准扶贫"的方式提示我们，我国在搞精准扶贫时，金融行业要充分引入高科技，利用高科技手段扩大工作范围、提高服务对象圈定的精准度并促进资金使用效率的提高。

7.1.2　日本的微型金融——扶弱与高利贷并存

7.1.2.1　层级结构严谨的日本农协

组建于 1947 年的农业协同组合，简称农协，是日本最重要的农村金融机构，属于合作金融，主要服务对象是资金实力薄弱的农民和小生产者。其组织结构分为高中低（底）三个层级，其中处于最底层的基层农协是日本微型金融主力机构。农村中央金库是农协的中央机构，处于农协最高层；县信用农业协调组合联合会是中层机构；综合农协是处于最底层的基层组织，这里直接称之为基层农协。不过，虽然日本农协分为高中低三层，但是与我国银行的总行、分支行组织机构方式不同的是，这三个层次之间没有行政隶属关系，各自独立、自主经营、自负盈亏。高中低层级之间业务上联系密切，农村中央金库向中层的信用联合会提供信息咨询、业务指导等服务，并向信用联合会提供贷款支持，当然，其自身也向农业企业提供大额贷款；其资金来源则主要是信用联合社的存款和经国家批准发行的农村债券。处于中层的信用联合社起的是承上启下的作用，对上，其将自身存款存入上层，资金不足时则从上层借款；对下，其一方面通过存贷业务与基层农协进行业务往来，指导基层农协工作，另一方面自身也向农业企业提供额度相对较大、期限较长、基层农协无力支持的贷款项目。基层农协直接由农民及其他居民、其他团体入股组成，一般以市町村为单位，经营农协内的存贷款，存贷款剩余资金缴存上级的信用联合社。这三层组织机构内部又都具体划分为农、林、渔三个业别，简称"信农联""信林联"和"信渔联"。

  2000年初，日本的基层农协有本店4500多个，支店1.1万多个，办事处2200多个，事务所4800多个，共拥有社员912.5万人（应寅锋、赵岩青，2006）。基层农协的服务宗旨是不以盈利为目的，以社员为主要服务对象。因为农协的服务对象主要是实力薄弱的农民和小生产者，所以政府非常支持农协开展服务，在农村中央金库成立时，政府一次性划拨资金20亿日元；对基层农协的存贷款利率制定也都给予更灵活的规定，允许基层农协以高于普通银行利率的高利率揽存，以低于社会其他银行贷款利率的较低利率向农户放款。基层农协在放款时，不仅利率低，并且不需要借款人提供担保。

  日本农协要求农协社员必须将资金存入农协，不允许存入商业银行，若存到商业银行，将被视为对农协的背叛。这种严格的管理，加之略高于商业银行的存款利率，保证了农协能够获得较为稳定的大量资金来源。与此同时，农协还利用"政策金融"导入国家资金，这样既获得了资金支持，又贯彻了国家的相关政策。日本政府的农业信贷、林业信贷、渔业信贷、加工和流通信贷这4种政策性贴息贷款均是通过农协发放。

  健全周到的保险制度进一步巩固，增强了农协的生存能力。为保护农户利益,在日本政府的推动并参与下,开展专门针对农协的存款人的存款保险制度,这一制度和商业性的保险不同,其被保险人仅限于在农协存款的农户,只要农户一发生存款业务,农户、农协、保险公司之间的保险关系立即成立。一旦基层农协经营出现问题,由保险公司对农户的存款予以清偿。此外,为了保证整个农协系统良好的信誉,农协具体机构之间虽然是独立经营、自负盈亏,但它们自愿建立了相互援助制度,每家农协都将吸收存款的10%作为该制度的专项储备金,全都存入农协最高层的农村中央金库,一旦某个农协出现信用危机,则由中央金库为其提供低息贷款,渡过难关。

20世纪90年代,日本推行全面自由化的金融改革,农协高息揽存低息放贷、社员不得将存款存入商业银行等优势受到极大冲击,农协收益急剧恶化(李宾、马九杰,2014)。

7.1.2.2 具有高利贷特征的民间消费信贷

日本的小额信贷是一种民间金融形式,具有明显的高利贷性质。小额信贷主要发放的是消费贷款,从1966年创建服务以来,其贷款利率一直都在30%左右。小额信贷的客户定位以妇女为主,最早推出小额消费信贷的武井保雄认为"日本女人的信用要优于日本男人",并且制定了一套衡量客户信用的直观的观察法,例如观察借款人家中的整洁程度、孩子的礼貌程度等,他认为家中整洁、孩子有礼貌的借款人信誉会更好。因为小额信贷利率高、收益丰厚,继武井保雄之后,日本其他公司也纷纷推出小额信贷业务,主要面向年轻的工资阶层。不过也正是因为贷款利率高,加之20世纪末物价大幅上涨,好多借款人无力偿还高利贷贷款,导致自杀率攀升。

2006年,日本政府进行消费信贷改革,出台《利息限制法》,既规定了贷款的利率上限,也规定了贷款额度的上限:小额贷款公司的放款额度不得超过一个借款人年收入的1/3。贷款公司收的超过上限的利息要退还给借款人。这一规定从2010年6月18日全面实施。实施后出现的一个后果就是许多小贷公司倒闭,因为一方面它们要退还多收的利息,另一方面它们却收不回那些到期不还的贷款。

通过日本微型金融的发展可以看到,其农协系统分工明确又严谨的组织形式使其遇到问题既不会相互推诿又能够相互支撑,同时农协内部严格的规章制度保证了农协长久的可持续经营,对存款人的存款保险制度增强了存款人将资金存入农协的安全感。而小额贷款以高利贷的形式满足了一部分无法从正规金融渠道获得资金支持的低收入阶层的需求。

不过,日本于20世纪末和21世纪初进行的两次侧重点不同的金融体制改革,给这两类微型金融机构的发展都造成了较大的冲击。专业的微型金融机构因自身整体资金规模小,其抗击变革的能力似乎还是相对较弱。

7.1.3 国际组织的微型金融服务

7.1.3.1 世界银行参与的微型金融服务

20世纪中叶,世界银行对发展中国家的援助主要集中于能源、交通和电信等基础设施建设。到20世纪70年代,世界银行发现发展中国家的贫困问题依然严重,而贫困人口大多数在农村,所以将扶贫援助重点转移到农村贫困群体。世界银行规定,农业贷款中至少有一半要用于农村发展项目,包括向农民提供教育、卫生、住房、交通和清洁用水等各个方面,而不局限于农业生产。

7.1.3.2 国际社区援助基金会创立的村庄银行

国际社区援助基金会(FINCA)在20世纪80年代初首先在南美开创了一种小额信贷组织形式——村庄银行(Village Banks,VB),到2010年,FINCA的村庄银行已经遍及除南极洲和大洋洲之外的五大洲,成为国际微型金融运动中的一面旗帜(张伟,2011)。

村庄银行主要是以村和社区为基础的贷款和储蓄协会,其目的主要是为农村地区提供金融服务。其运作模式类似于团体贷款,即农户以村为单位成立互助组即村庄银行,一个村庄银行一般由30~50人组成,商业银行等信用机构将资金贷放给村庄银行,村庄银行再以自己的方式集体分配资金、投资并回收资金。后来村庄银行也开始吸收存款,并提供人寿保险等服务,而且与印度的小额贷款公司相似,它们也规定在借款人死亡时,要用借款人的人寿保险金先偿还贷款,余额才能归属保险受益人。

村庄银行与一些机构合作,为成员提供生产技术培训、艾滋病预防教育等。

国际组织提供的微型金融服务,一类就如世界银行一样,发挥着拓宽普惠金融广度的作用,另一类则如国际社区援助基金会一样,在努力拓展普惠金融的深度。其具体运作模式则会随着使用国家的不同而不同,并没有固定的模式。

7.1.4 世界各国微信金融发展的经验与教训

7.1.4.1 成功经验

(1) 与贷款收益率相比,对运营成本的控制更为关键(杨先道,2013)。充分利用现代科技、互联网等技术,或者发挥规模经济效应,控制住运营成本。

(2) 无论是制度主义还是福利主义,秉持独立运营、自负盈亏理念的微型金融机构均追求自身财务和经营上的可持续发展,而非依赖于政策和外部资金。

(3) 以客户为中心,利率差异化,借贷方式、还款方式、抵押方式灵活。

(4) 小组联保或团体贷款模式,强化了借款人之间的相互交流和监督制约,解决了信息不对称问题。

(5) 地缘性、内源性特点帮助维持了微型金融机构的稳定。

(6) 政府的资金支持和法律保障。几乎所有国家政府都投入资金支持基于扶贫目标的微型金融发展,但成功的运作往往是以政府资金的"间接"介入为主,即政府为某些金融机构提供低息或者免息资金支持,金融机构面向借款人时则遵循市场机制,而非政府直接拨款无偿发放给贫困者。政府给予微型金融服务机构和服务行为予以法律法规的保护更必不可少,特别是存款保险制度的推行,为微型金融机构获得稳定资金来源提供了保障。

7.1.4.2 失败教训

(1) 造成了众多机构之间的恶性竞争。

(2) 信息不对称造成了多头授信、非贫困户抢占用于扶贫的资金。

(3) 机构的快速扩张导致风险控制能力下降。

(4) 政府的不当介入。日本的消费信贷公司的纷纷倒闭、印度民间金融机构与政府扶持的官办微型金融机构之间的竞争均属于政府实施了不恰当的法律法规。

7.1.5 微型金融的未来发展趋势

（1）全球微型金融的扶贫功能在渐趋商业化运作的过程中已经出现不同程度的偏移。微型金融的普惠广度在扩大，但深度似乎有减小的趋势。

（2）微型金融即使是面向穷人也是有利可图的，这种理念为越来越多的国家、机构和投资者所认可，未来投资于微型金融的服务将会越来越多，资金会越来越充实。

（3）科技进步、互联网的发展将极大地推动微型金融发展，使得微型金融的服务手段越来越多、受众面越来越广，未来世界上每一个人都可能会成为微型金融服务的对象，微型金融会使每个人的生活更便利。

7.2 政府在微型金融体系中的定位及作用

7.2.1 微型金融具有一定的公共物品属性，需政府参与供给①

7.2.1.1 关于物品属性的经济学解释

物品，即东西，泛指各种具体的或抽象的事物。物品可能具有两个特征：一是消费的排他性，即只有付费才能使用该物品；二是竞用性，即一个人使用了该物品，其他人就无法再使用或无法同时使用。林达尔（1919）提出了公共物品的概念，自此经济社会的物品被区分为公共物品和私人物品。所谓私人物品就是既具有消费的排他性又具有竞用性的物品；与之对应的这两个特点都不具备或者不同时具备的就是公共物品。进一步地，基于物品的两个特征，又可以把公共物品细分为纯公共物品、一般准公共物品、俱乐部物品、可拥挤物品、可拥挤的俱乐部物品五种类型，以区别于私人物品。

纯公共物品就是在消费中既没有排他性也没有竞用性的物品，具有效用的共享性和消费的边际成本为零的特点。纯公共物品一定是具有极大的

---

① 此部分内容为笔者于 2014 年发表在《商业时代》第 15 期的论文《我国农村金融的属性研究》中的部分内容。

外部性的物品。一般准公共物品是指非排他性及非竞用性都较高但要小于纯公共物品的物品。俱乐部物品是指只有消费的排他性而没有竞用性的物品，这类物品要先付费以取得进入俱乐部的资格，在俱乐部内部消费时，则同时具有效用的共享性和消费的边际成本为零的特点。可拥挤物品是指只存在消费的竞用性但没有消费的排他性的物品，也有的经济学家称之为"公共池塘资源"，此时，消费者的边际成本大于零但小于平均成本。可拥挤的俱乐部物品则具有消费的排他性以及局部的消费竞用性，或者说不完全的非竞用性，也就是说必须付费才能得到该类物品；同时在俱乐部内部享用该类物品时也存在一定的竞争性，即一个人增加消费，会减少另外成员的受益。当然，与上述五类公共物品相对的，就是消费上同时严格兼具排他性和竞用性的私人物品。这几种物品的关系见图7-1。

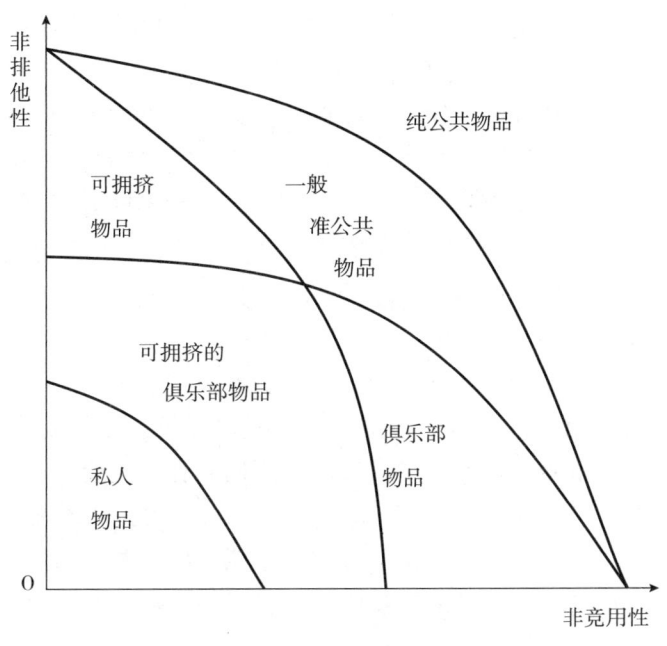

图 7-1 物品属性的分类

7.2.1.2 基于微型金融特点的物品属性研究

（1）微型金融的排他性。第一，微型金融具有规模经济特点。在整个金融领域，固定成本占总成本比重很高，金融活动所需要的基础设施，如营业场所的建设、场地租金、网络系统的建设与维护、管理人员的投入等都属于固定成本项目，这些项目占据其总成本的比例较大，从而使整个行业表现出较强的规模经济性。对于我国微型金融而言，除了上述固定成本，还在获取信息、监控、收集和处理等方面表现出占比较高的固定成本，因此从理论上讲，微型金融具有更高的规模经济特点。规模经济特点意味着其价格具有随着规模扩大而逐步下降的趋势，从而使微型金融的排他性有所弱化。与此同时，微型金融的具体服务项目，如提供的信息、金融知识培训等都是在开放的营业场所进行的，要排他则技术上有一定难度，经济上更是无效的，即具体的服务项目进一步弱化了微型金融的排他性。

第二，微型金融服务效益外溢性强，加大了效用共享性，增强了微型金融的非排他性。金融服务效益的外溢性可以体现在金融服务的全过程，前期（投入期）和后期（收益期）更为明显。从前期分析，金融体系要良性运行，必须充分掌握客户的各种资料，特别是在微型金融的核心业务信贷服务中，在放贷前，金融机构要对客户进行调查、筛选，开始建立客户档案，并提供诸如金融规制方面的培训，研发针对不同客户群体的新产品等，经过大量烦琐而高成本的"拓荒服务"，金融服务的边界才能得到有效扩展，才为未来取得利润打下基础。不过，一旦完成"拓荒"，"拓荒"成果具有极高的正外部性，可以被随后介入的其他金融机构免费或以极低的成本获得。从后期看，由于接受了金融服务，接受者改善了自己的生产经营或者生活质量并且取得了收益，这种收益不仅提高接受者自身福利，而且由于微型金融服务大多都在农村展开，而农村生产经营相对集中，模仿效应更明显，会带动更多农户或者乡镇企业效仿，从事盈利的项目投资。从宏观上讲，微型金融收益的外溢性是巨大的，是以波及扩散方式推动整个农村经济乃至全国经济的发展，即金融服务所带来的利益是社会共享的。

第三，从获得的外生金融和内生金融服务的角度看，提供给农村的外生金融服务是由政策规制的，必然要体现政府的意志，确保政府获取收益。对政府而言，通过微型金融为农村经济搭建一个发展的公共平台，推动农村经济发展是政府追求的目标。因此，外生金融就其设置初衷就体现出一定的非排他性倾向。对于内生金融，国内大多数学者都认为其兴起是一个诱致性的制度变迁，是对转轨经济中政策扭曲和金融抑制的理性回应造成的。内生金融以追逐自身利润最大化为目标，因此其排他性较强。微型金融个人客户主要在农村，而农村内生金融占比较高，所以一定程度上增加了微型金融的排他性。

综上，从总体上系统考察微型金融的排他性程度不难看出，微型金融在诸多的现实特点制约下，排他性被弱化，呈现出更大的非排他性倾向。

（2）微型金融的竞用性。第一，微型金融的基本功能就是要促进经济特别是农村经济发展，在这一功能实现过程中，微型金融实现了农村经济与金融的交叉融合，其非竞用性非常突出。这种非竞用性是微型金融的本质功能所决定的。

第二，微型金融服务效益的外溢则直接表现为消费上的非竞用性。不过，统计数据主要提供微型金融服务的正规金融机构——农村信用社、农村商业银行、农村合作银行、村镇银行、贷款公司和农村资金互助社 6 类机构的服务网点数，截至 2014 年末，农村常住人口（已扣除进城务工的农民）每万人拥有 1.32 个营业网点、每万人拥有金融机构服务人员 14.38 人[①]，显然因为目前人均拥有的金融服务数量还相对较低，所以，可能会造成因某一个人的消费而减少其他人对该种物品的消费，即会存在一定的拥挤问题，这种情况在一定程度上弱化了农村金融的非竞用性。

第三，微型金融供给不足一定会造成消费的竞用性，而与之对应的正规微型金融需求不足恰恰是农户对金融产品具有的竞用性做出的无奈但理性选择的表现。

综上分析，可以认为微型金融具有比较明显的非竞用性特点。

7.2.1.3 微型金融是一种近似俱乐部物品

通过对影响微型金融排他性和竞用性因素的具体分析，可以看到，微型金融属于具有一定非排他性倾向和较高的非竞用性的物品，使用经济学对公共物品的分类，可以得到结论：微型金融更接近于公共物品中的俱乐部物品，但不是非常严格地满足"只有消费的排他性而没有竞用性的物品"这一俱乐部物品定义，因此，可以认为其是"近似俱乐部物品"（见

---

① 根据《中国农村金融服务报告（2014）》和《中国统计年鉴》（2015）计算得到。

图7-2)。

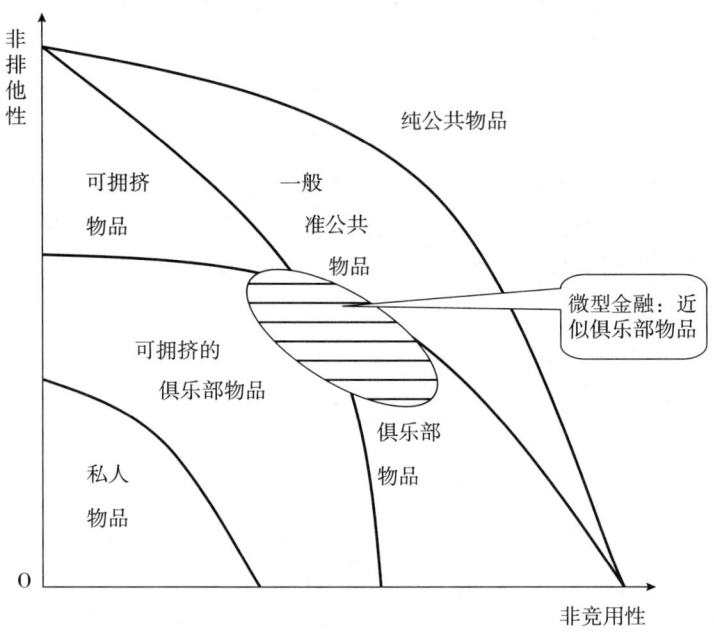

图7-2 微型金融属性：近似俱乐部物品

近似俱乐部物品属于公共物品。无论是基于微型金融具有近似俱乐部物品的属性而非私人物品这一特点，还是从世界各国微型金融发展的经验看，政府都有必要参与微型金融服务的供给。不过，这种参与更多地应该是一种间接的参与，并从不同的角度介入。

7.2.2 制度建设

政府对微型金融服务的参与，首要的任务是进行制度建设。

7.2.2.1 强力推进各类保险制度建设，为微型金融供求双方设置多重保险

（1）推行储蓄保险，保障存款人存款的安全性。对所有开展存款业务的金融机构都强制推出储蓄保险，即只要储蓄业务发生，就自动在储户、金融机构和商业保险公司之间形成保险关系。金融机构作为投保人向商业保险公司支付保险费，存款客户为受益人。这一点对于村镇银行等新型专

业性微型金融机构获得稳定的资金来源尤为重要,所以国家应该先在微型金融体系内推行强制储蓄保险制度,由此增加的微型金融机构的成本可以由财政给予一定比例的补偿。

(2) 推行生产性小额贷款申请人(个人)贷款即参加保险的强制保险制度,借款人为投保人,贷款人为受益人,保费可以由政府和投保人按照不同比例分担。这一强制保险制度推出后,可以极大增强微型金融面向低收入阶层放款的积极性,扩大低收入阶层获取贷款资金的机会。

(3) 倡导并推广商业保险公司开展面向农户的收入和产品价格安全保险。由于农业本身具有受自然条件变化影响大和受市场供求影响大的不稳定性,导致金融机构出于资金安全性考虑不愿意向农户放款,而推出面向农户收入及产品价格安全保险后,可以确保农户获得较稳定的基本收益,既保护了农户的收入,又能使农户获得贷款的机会增大。收入保险是以收入作为承保和赔偿的依据,价格保险则是以价格作为承保和赔偿的依据。

2015年,山东省泰安市中华联合保险肥城支公司与大白菜种植大户签订了第一单大白菜目标价格指数保险,为商业保险公司参与面向农户的微型金融服务提供了较好的范例。保险公司结合前3年的价格行情,参照种植户对大白菜的价格预期等因素,确定2015年秋季大白菜的目标价格为0.16元/斤。保险期间按照大白菜的集中上市销售时间确定,每年11月1日至11月30日,大白菜目标价格保险费率为8%,保险费为120元/亩,保险金额为1500元/亩,保费分担比例为省级财政占70%、市级财政占5%、县级财政占5%、农户占20%。

(4) 构建微型金融保险体系(见图7-3)。借鉴美国的农业保险体系(应寅锋、赵岩青,2006),建立专门为低收入阶层服务的微型金融保险体系。首先由政府界定低收入阶层的范围,其次由被划入低收入阶层的个人作为投保人,在对生产经营性贷款或者前述的收入或产品价格安全投保时,可以享受政府给予的保费补贴;办理保险的商业性保险公司则可以得到政府给予的一定的管理费用补贴,同时由政府成立保险基金,为商业性保险公司提供再保险。这里需要注意的是,这种保险和再保险均有政府的补贴,强调的是对生产性投资的风险补偿,体现的是政府对低收入群体发展生产、提高经济发展水平的一种鼓励,不包括为医疗、教育、购房等消费性贷款提供保险。

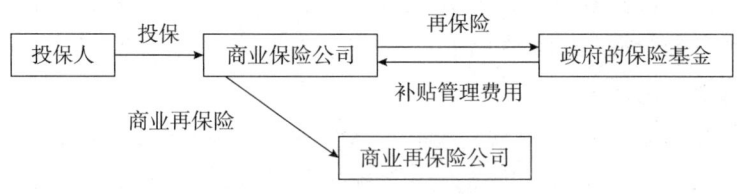

图 7-3 微型金融保险体系

这种多重保险制度的建设和推行虽然可能会提高微型金融供求双方的保费支出，但因为降低了双方的风险，所以会直接带来小额贷款等服务项目价格的降低，加之保费有不同程度的政府财政补贴，综合考量，供求双方的成本都不会有较大幅度的提高，基本会保持持平甚至下降。

7.2.2.2 推进自律性行业协会建设

行业协会是处于政府和企业之间的一种自律性中介组织，其存在的意义主要是弥补市场失灵和政府失灵。政府对市场的干预越小，自律性行业协会的作用越大。中国人民银行先后放开对各金融机构存贷款利率限制后，为避免金融机构之间的恶性竞争，自律性行业协会建设变得非常重要。行业协会可以协调金融机构之间的行为，如对产品在一定范围内定价并监督协会成员的行为。而且在我国目前对微型金融多头监管的情况下，可以由行业协会对本行业的情况进行统计分析，提供权威的数据。行业协会的成立一般有企业自主推动成立、政府推动成立、政府与企业合力推动成立三种方式。人民银行可以利用自身作为全国各类金融机构主管部门的身份，主动召集并鼓励不同类型微型金融机构组成自律性行业协会。

7.2.2.3 推动评估、担保等中介机构的发展，拓展担保形式

小微企业和农户申请贷款时，最大的障碍就是担保。对于低收入群体可以采用购买财政补贴强制保险或孟加拉国乡村银行小组联保信用放款的方式，而对于小微企业和富有农户则应该在推动评估机构和担保机构发展方面着手解决担保问题。首先是抵押、质押物的资产评估，应由专业的第三方资产评估机构独立完成，并拓展抵押物、质押物范围，比如用知识产权、股权、保险单、订单、应收账款、农民承包土地经营权质押等。其次是拓展担保形式、完善担保体系，可以由同类型小微企业出资成立联合担

保公司，为成员提供担保服务；由政府注资成立担保基金，直接为小微企业、低收入群体提供担保，同时为担保公司进行再担保。

7.2.2.4 健全法律体系

综观世界各国微型金融的发展历程，成功经验之一是都有健全的法律体系作为后盾。我国的微型金融机构庞杂、服务种类繁多、生长发展迅速，所以只有不断出台适应微型金融发展状况的法律法规并完善细则才能确保微型金融健康有序发展。目前看，人民银行、银保监会等金融监管部门乃至国务院出台的各种法律法规基本都是在较为及时地发现微型金融运行中的问题后很快出台了对应的法律法规，但具体实施细则有待补充完善，应该尽快将法律法规中的"相关细则""有关部门"等类似的含糊词汇具体化、明确化。

7.2.3 资金的拨付

7.2.3.1 资金拨付的方式

世界各国微型金融的发展都离不开政府资金的支持。这种资金支持应该以间接支持为主、直接支持为辅的方式提供。

直接的资金支持主要体现在微型金融机构创立时，政府注资参股；财政直接拨款用于扶贫项目，如兴修基础设施、改善教育的投入等；用于微型金融服务所不能触及的无劳动能力、无收入能力的赤贫的救济。

间接的资金支持则是不直接提供微型金融服务资金，而是通过注资成立保险基金、注资成立担保基金、对金融机构扶贫性贷款给予低息再贷款支持、调低微型金融机构法定存款准备率的政策支持、对涉农担保公司给予保费补贴或者由政府出资的担保基金给予再担保等间接方式对微型金融机构和服务给予的支持。

7.2.3.2 不同资金拨付方式的效率比较

有很多学者研究指出，间接的资金支持对于资金的使用效率高于直接拨付资金。即使是贴息扶贫贷款项目，如果能把用于贴息的直接资金支持改为用这笔资金为发放贷款的金融机构购买商业保险，其资金使用效果会更优于对贫困户的直接利息补贴（徐忠等，2009）。在调研中也发现，即使扶贫贴息贷款要偿还本金，但由于利息不需偿还，很多贫困户将这种贷款视同为救济款，甚至将村镇银行发放的商业性的小额贷款也等同于救济款,直接影响了微型金融机构对贷款的回收。所以,要改变贫困户脑海中对扶贫贷款的认知,可以从改变扶贫款的利息管理入手,不再实施贴息,而改为保险保障。同时,对于贴息贷款应该完全按照商业化形式经营,不必给予贫困者本金偿还的豁免或者仁慈的宽限。"授人以鱼不如授人以渔",对贫困者在资金使用和偿还方面的宽容,会造成一种惰性,既影响金融机构的回款,也会影响贫困者创业、生产、提高收益能力的努力程度。

对接受扶贫贷款的贫困者,其对待还本付息的态度和行为选择可以用一个简单的效用函数来描述。接受扶贫贷款者的单阶段预期效用函数为:

$$U=R(D)-a(DB+LX+QT) \qquad (7-1)$$

式(7-1)中,R(D)为通过贷款获得的总收益,a代表央行态度,在t_0期它有p的概率严格执行市场运作,必须按期还本付息,否则不仅会执行担保、加收罚息,还会影响未来获得贷款资格,1-p的概率对扶贫贷款采取放纵的态度。DB代表贷款本金,LX为贷款利息,QT为若违约需要付出的额外罚息及因为违约后再也不能获得贷款所引发的可能的预期收益损失。很显然,如果政府对扶贫贷款采取放纵的态度,对接受贷款的人来讲,最优的方案就是不必还本付息,此时他实现的收益将包括贷款本金本身和由贷款投资带来的收益。并且,如果t_0期结束,借款人获取了全部的R(D)而没有任何成本付出,他们会预测t_1期政府会继续放纵对这种扶贫贷款的管理方式,从而依旧采用不还本付息的态度对待扶贫资金。

7.2.3.3 采用双重招标的方式发放扶贫贷款

为减少和杜绝扶贫贷款发放过程中的被截留、挪用、平均分配、使用效率低下、回收率低等问题,目前可以考虑采用双重招标的方式发放扶贫贷款。

一是通过招标选择负责发放贷款的金融机构,而不再是指派农业银行和农商行。对中标的金融机构给予贴息或者用贴息资金购买贷款保险,并给予一定额度低息再贷款优惠或适度下调中标金融机构的法定存款准备金率。而招标的条件则通过具体指标打分获得:①通过补贴依赖指数(SDI)考察金融机构潜在的生存能力,指数越低说明生存能力越强,所得分数越高。②金融机构在扶贫贷款发放区域的金融机构数量和信贷人员数量,可以以数量段形式打分,数量越多则分数越高。③金融机构自身已经发放的商业性小额贷款数量及占全部贷款总额的比例,小额贷款数量越多、占比越高则分数越高。④贷款整体质量和小额贷款质量指标,可以按照贷款质量五级分类法用各级贷款的占比衡量贷款质量,正常和关注类贷款占比越高则分数越高。⑤考核一定期间存贷比均值,可以将75%作为一个最优水平,过高或过低都要减少得分。上述指标各自的权重确定可以采取德尔菲法等方法。

二是根据"授人以鱼不如授人以渔"的观念,由中标的金融机构采用招标方式选择能够吸纳贫困人口就业的企业作为扶贫贷款的发放对象。即不直接将扶贫贷款发放给贫困户,而是放贷给企业,由企业为贫困人口提供就业培训和工作岗位,帮助贫困人口实现持久收益。对企业的选择不拘泥于规模的大小,主要考察其承载贫困人口实现持久就业的能力。当然,随着贫困人口标准的提高,贫困人口文化水平、学习能力和劳动技能的提升,贫困人口获得资金支持后能够实现自我创业创收,那么中标的金融机构也可以将扶贫贷款直接贷放给贫困人口,并可以借鉴孟加拉国乡村银行的管理模式对扶贫贷款进行管理,以保证其回收率。

7.2.4 基础设施、教育、培训和公共平台建设

对于微型金融机构和服务对象而言,政府提供公共设置和公共服务甚至比提供直接的资金支持更为重要,特别是针对微型金融在为低收入群体服务过程中出现的使命漂移问题,政府只有加大外围投入,才能支持微型金融实现扶贫和可持续经营的双重目标。

7.2.4.1 政府大力推动基础设施和教育、培训等工作

为促进微型金融发展,推动城乡协调发展的城镇化进程,政府进行持续的大规模的农村和城市郊区、城乡结合部基础设施和教育、培训等公共服务方面的投资,可以实现资源配置的帕累托最优。具体来说,就是在农村及城市郊区、城乡结合部等经济落后地区建立发达的交通和通信系统;对个人特别是穷人提供农业和非农工作的教育和技能培训;在农村建立基本医疗服务体系,创造一个可以让小农农业繁荣和盈利的经营环境(伊萨贝尔,2010)。这是切实降低金融风险,促进微型金融供求均衡的长久之计。这些投资,可以极大地改善低收入阶层的生存环境、扩大并提升低收

入阶层的生存空间。低收入阶层的生存平台提高了,使用贷款的效率必然随之提高,这样便可以促进微型金融机构收益能力的提升,有效减少使命漂移的发生。

7.2.4.2 建设公共平台,创造良好的金融环境,支持微型金融的长期可持续发展

(1)由人民银行出面,建立全国统一的信用体系,实现信息库全国联网;同时利用大数据技术,推进公共数据统一开放平台建设,将企业纳税、供应链企业信息等均纳入公共信息平台,有效降低微型金融机构的交易成本。

(2)由人民银行提供统一的支付结算体系,使微型金融机构能够与大型商业化金融机构一样享受到更大的公共服务平台,从而促进微型金融机构业务量扩大、业务品种增加、收益增加。

7.2.5 推进在央行统管下的差异化监管制度建设

(1)制定更有针对性的信用评级标准和实施办法,由独立的信用评级机构对不同种类的微型金融机构进行定期评级、定期公开评级结果,实时监控,强化过程监管。

(2)督促小额贷款公司、各类农民专业合作社等成立行业协会,由行业协会进行监管,这种监管方式更符合其内源性金融机构的特征。

(3)利用大数据、云计算等先进的技术,对互联网金融进行实时监控,实施过程管理和预警报警机制。这种过程监管就像央行对银行贷款五级分类管理一样,是一种动态的、预警式的管理。

(4)实行差异化监管和考评办法。涉农业务占比很高的中小型、微型金融机构的监管与考评办法和具体指标与大型金融机构都应有所差异,例如存贷比、存款准备金、呆坏账准备金等。对吸收存款的金融机构与不吸收存款的小额贷款公司的监管办法应该有所不同,因为小额贷款公司不吸收存款,因此其风险的波及面会相对较小,可以用更灵活的非审慎监管代替宏观审慎监管。此外,为鼓励微型金融服务于贫困群体,可以引入社会绩效考评指标,例如完成扶贫贷款发放占比、小微企业贷款占比、个人小额贷款占比等,并将社会绩效考评情况与下一年度降低法定存款准备金率、低息再贷款、销售国债等鼓励性指标挂钩。

总之，这种差异化监管制度强调央行的统一管理、市场第三方独立机构具体实施、过程化监控、差异化监管和考评四大要素。央行的统一管理利于管理的严肃性和制度化，并利于统一统计口径，使得监控数据具有可比性；微型金融机构的信用评级由第三方独立机构具体实施可以有效去行政化、减少政府的直接干预和倾向性行为对金融市场的影响，提高监管效率；过程化监控则可以随时发现问题、随时纠正问题，避免损失或风险扩大；实行差异化监管和考评办法既能够放开微型金融机构的手脚，又可以更有针对性地确保各类金融机构的安全运行。

7.2.6 推动空心村改造建设

空心村一般经济落后、地理位置偏远，其存在对实现新型城镇化的城乡统筹、一体化目标是一个阻滞，可以采取撤村建居、村落合并、拓展农业建设用地从而形成规模化农业、建设特色小城镇等办法进行改造，拉动乡村经济发展并推进城镇化进程。空心村的改造，一是政府给予政策引导和支持，二是注入并引导金融机构提供建设资金。政策和资金的引导支持无须一概而论，要根据不同地区地理自然条件和经济发展条件制定不同的具体的改造目标，再根据改造目标施以不同的办法。例如撤村建居，可以采用财政补贴到户和以优惠利率贷款给农户的双重手段推动新居建设；村落合并则应该伴随耕地增加、推进农业规模化和产业化并行，并对农业生产提供商业化贷款，政府对提供贷款的机构给予前述的低息再贷款或者保险补贴等间接支持；建设特色小镇则是利用地域的产业优势通过空心村改造，提供兴办特色产业的空间，再给予各类贷款支持，促进其迈入小城镇行列。

7.2.7 鼓励兴办中小型企业，吸纳劳动力就业

从前面章节的论述可知，我国人口城镇化进程中，吸纳农民工就业、接受转移农业人口的是众多的中小型企业、民营企业、第三产业，所以无论是从加速城镇化进程的角度还是从促进城乡统筹协调发展的角度，都应该力促中小型企业的发展，以吸收城市和农村大量劳动力就业。

7.3 大型金融机构微型金融服务定位及介入路径

微型金融服务不是微型金融机构的特权,大型金融机构完全可以利用自身规模大、资金雄厚、历史久、经验丰富、人才多、创新能力强等优势展开微型金融服务。

7.3.1 以参股形式介入微型金融机构

2005年以来,我国各类微型金融机构快速发展起来,大型银行也开始关注微型金融业务。不过,对于大型金融机构而言,因为其长期在城市发展,主要面向城市工商企业和居民,新型的微型金融机构主要是面向农村和最基层的农户。大型金融机构将网点深入到农村,意味着业务链条拉得太长,管理成本将急剧升高。国家对新型微型金融机构的设立往往明确要求有银行业资金介入,所以大型金融机构参与微型金融服务的一种有效方式就是参股。参股后,作为微型金融机构的主要股东,不仅可以给予微型金融机构资金上的支持,还可以在技术、管理经验、工作人员培训等方面做出积极的贡献。以参股方式介入微型金融服务,对大型金融机构和微型金融机构意味着双赢,既避免了竞争带来的重复投资、对市场的恶意抢占等问题,又实现了优势互补。

7.3.2 业务下沉,服务小微企业

因为专业性的微型金融机构大多都在农村或乡镇,面对城市数量众多的小微企业,大型金融机构可以采取设立专门的小微企业服务部的形式,将业务下沉,服务于小微企业。因为小微企业数量众多,形式各异,贷款额度小,抵押担保能力低,贷款需求小、短、急、频,对其他金融服务需求也较频繁,所以,为了降低服务成本,大型金融机构可以利用自身员工素质较高、创新能力强的优势,利用信贷工厂模式批量提供小微贷款;利用互联网技术推出网络借贷平台,在网上完成贷款的申请、发放、还款等。积极开发适合于小微企业的风险管理办法,为众多的小微企业开发网络服务平台,让在本金融机构开立账户并有借贷行为的企业发布产品信息、实现在线销售等,金融机构通过这一平台提供的企业生产经营的信

息，提炼出企业经营风险状态；利用纳税凭证考察企业信用；利用小微企业所在行业的产业链条整体状态评估企业风险等。此外，还可以根据小微企业前期贷款行为，适度改变其下一期授信额度、担保办法等，使面向小微企业的金融服务更为灵活。

此外，在为小微企业提供服务时，还可以采取服务外包的形式，例如给小微企业放款，贷前调查和贷后监管都可以外包给微型金融机构，这样同时发挥大型金融机构资金雄厚和微型金融机构对小微企业更熟悉、更了解、更易于降低信息不对称干扰的双重优势。

7.3.3 将市区储蓄网点改造为社区银行运营模式

如前所述，城镇化的发展，使城市的低收入群体既包含城市本身的下岗、失业、大学生创业等人员，也包括进城务工的农民工，这一部分人群对金融服务的需求基本停留在到银行存取款，他们的金融排斥状态没有得到重视。随着新型城镇化战略的实施和普惠金融理念的推广，将这一部分人群纳入微型金融服务范围成为必要。国外主要采取社区银行模式为这类人群提供服务，不过，考察我国城市金融机构和业务的发展，我国没有必要设立专门的社区银行，只需通过拓展现有金融机构在市区网点众多的优势，改变储蓄网点的服务模式、增加产品种类即可。

实际上我国大型金融机构近年来在城市的储蓄网点业务范围已经有了很大的拓展，原有的储蓄网点现在一般都是以二级支行的形式存在，二级支行作为大型金融机构最基层的分支机构，不仅能完成存取款业务，而且大多都开展了对公结算业务，提供理财、保管箱等服务，不同银行对二级支行的业务权限规定不同，有些银行的二级支行已经能够发放贷款。设立在居民聚居区的这些二级支行，实际上主要服务对象就是所在社区的居民和小微企业，所以，没有必要额外设立新的社区银行，只需首先将所有二级支行的业务种类进行拓展，使其能够提供一个独立的金融机构所应该提供的基本服务，包括存贷款、结算、理财、购买保险等，只有产品种类齐全，才能使社区的居民和小微企业不必走出社区寻求其他金融机构的帮助。其次，要对现有的二级支行的管理评估办法进行改革，约束其务必将服务本社区居民和企业作为最核心的任务，然后根据所在社区的经济发展情况、居民特点等制定可行的业绩考核指标，确保其安心服务社区，目标不发生偏移。这样，利用这些二级支行对社区居民和企业的熟悉，可以较好地解决信息不对称问题，并利用其扎根社区的特点，进行亲情营销和服务。

建立新的社区银行，虽然原始资金有很大一部分会来自这些大型金融机构的入股，但毕竟作为独立法人的社区银行，一方面要新建营业场所，固定成本支出巨大，另一方面要取得社区居民和企业认可，获得稳定的存款绝非朝夕能够做到。而且与已有的这些二级支行共同服务于社区，会带来重复建设的浪费和不可避免的恶性竞争。总之，用现有大型金融机构二级支行扎根社区的办法服务社区，同建立新的社区银行比较，一定是改造二级支行更有效率。

7.4 专业性微型金融机构的定位及业务拓展

7.4.1 抓住机遇，突出特色

党的十八大提出的新型城镇化战略对微型金融服务提出了巨大的需求，中央多年来的一号文件也连续阐述了国家大力发展农村金融特别是支持鼓励县域网点及金融机构的建设的思想，放开利率管制、对发放精准扶贫贷款的金融机构给予低息再贷款等，这些政策和国家主导的发展战略都为微型金融的发展提供了难得的机遇，微型金融机构要抓住机遇，建设自身并不断拓展微型金融服务。

微型金融服务客户群体众多，分布地域广，需求差异大；与之对应的微型金融机构数量也很多，坚持突出特色，避免小而全、全而不精才能使每个微型金融机构实现服务大众与可持续经营的目标。抓住机遇、突出特色，一是结合地域自然和经济发展的特征，组建规模不同、主打产品不同的各类微型金融机构；二是结合服务对象的特点，不断推出契合需求的特色产品、特色服务；三是加强与大型金融机构的交流合作，一个掏钱一个办事，优势互补，共同开发特色产品。

7.4.2 吸取印度微型金融发展的经验与教训

印度自1947年独立以来，一直是以农业为主的发展中国家，其农村人口直到2016年末仍占总人口的72%，贫困人口约3.55亿，占全部人口的29.8%①。印度的农村、农业、农民对印度的发展举足轻重，因此，其独立后也建立起几乎覆盖整个农村地区的金融服务体系，平均每8个村就有一个正规的金融机构，居全球之首。

7.4.2.1 印度微型金融发展的经验

（1）通过各类立法确立国有正规银行的主体地位，促使银行业服务向农村和基层延伸。印度独立之初，农户和穷人的贷款绝大部分来源于私人借款，例如1951年私人借款占农民贷款总额的92.8%。为此，印度政府通过《印度储备银行法案》《银行国有化法案》，不仅强制要求每家私营银行至少要在所在地区的农村开设一家分支机构、商业银行每在城市开设一家分支机构就必须同时在边远地区开设2~3家分支机构，而且在1969年将14家主要的商业银行收归国有。1972年又规定对弱势群体贷款实行差别利率政策，国有商业银行放贷给农村弱势群体的贷款利率不得高于4%，并且此类贷款不得少于银行贷款总额的1%，利差由政府予以补贴。1975年通过了《地区农业银行法案》，创立了旨在"满足农村地区穷人的专门需要"的区域性农村银行，每个地区的农村银行由一家商业银行主办，其资金由中央政府出50%、邦政府（相当于我国省政府）出35%、主办商业银行出资15%，运营中可以通过发行债券筹资。地区农村银行必须在特定的区域内为急需贷款的农户服务，利率不得高于当地的农村信用合作社。印度的农村信用合作社起源于20世纪初，有邦合作银行、中心合作银行和初级信用社三级机构。其中，初级信用社是乡村级的，10人以上即可成立，收取少量入社费，经营中短期贷款。

上述一系列立法和规定使得私人高利贷性质的贷款占比到20世纪90年代初下降至50%以内。并且1986年的资料显示，在被调查的农民中只有2.9%的农户没有享受到正规渠道的贷款支持。

（2）推行"领头银行"计划，促进金融体系稳定发展。印度政府在农村地区推行的"领头银行"计划，是指每一个地区要有一家领头银行负责该地区的发展和开发工作，承担国家规定的优先发展行业和部门的放款任务。例如，印度优先发展农业和棉花产业，领头银行发放给这两个行业的

---

① 数据来源于中华人民共和国驻印度共和国大使馆《印度国家概况》。

贷款在其放款总额中不得少于30%。这种领头银行计划的实施,一方面贯彻了国家经济发展策略,确保了一些行业部门优先发展所必需的资金支持,另一方面避免了金融机构之间重复放款或交叉浪费,提高了资金运营效率,利于维持金融系统的稳定。

(3)通过政府支持的自助小组拓展了小额贷款服务。虽然印度联邦储备银行出台一系列法律法规努力让正规金融机构向农村基层和穷人延伸,但印度贫困人口数量巨大,因此,在印度联邦储备银行和农业农村发展银行的支持下,在20世纪90年代成立的自助小组(Self Help Group,SHG)成为政府正规金融的有效补充,构成印度微型金融体系中很重要的一部分。

自助小组由10~20个社会及经济背景相似的穷人组成,他们首先自愿储蓄,将储蓄的资金放贷给需要的小组成员,同时以小组的名义将存款在银行开立存款账户。自助小组成立6个月以后,就可以用小组的名义向银行申请1~4倍于储蓄金额的贷款,再由小组将申请的贷款放贷给小组成员。贷款无抵押质押要求,贷款、还款均以小组名义完成,利率由小组与银行协商确定,而小组成员从小组中获得贷款时的利率则由小组成员集体决定。

很显然,自助小组的资金是从银行获得的,只不过在具体操作中,自助小组与银行的关系较为复杂,至少有三种运作模式:一是银行直接组织成立自助小组,并为自助小组提供贷款;二是通过非政府金融机构或其他组织成立自助小组,这些组织为自助小组提供金融知识培训,然后由银行直接给自助小组放款;三是由非政府金融机构成立自助小组联盟,银行将资金放贷给联盟,再由联盟将资金放贷给自助小组。

通过自助小组,国家商业银行、区域性农村银行以及信用社等均成为小额信贷的资金供给者,参与了微型金融服务。

(4)小额贷款公司兴起,拓展了微型金融服务。以SKS(Swayam Krishi Sanyam)为代表的营利性商业化小额贷款公司于20世纪末在印度迅速发展起来。SKS是由阿库拉在1998年利用从朋友和家人处借来的5万美元创办的小额贷款公司,最初这个公司是非营利性的,后来转为营利性的。2007年获得被称为世界最精明、最成功的风险投资机构红杉资本的青睐,得到红杉1150万美元的投资,2010年7月上市,上市又获得1.55亿美元的资金。SKS 的成功在于：一是以盈利为目的，获得了更多的融资机会，资金充足，有能力通过业务拓展，形成规模经济效益；二是采取以盈利为目的的经营方针和企业经营思想来管理公司业务，对公司信贷人员制定常规的培训计划，为客户的利益而服务，提高工作效率；三是信奉技术是降低成本的有效手段，利用自己开发的自动化信息管理系统和精益管理提高劳动效率，降低交易成本。例如 SKS 的员工由 2000 年每人服务 8 个客户逐步提高到 2008 年每人服务 254 个客户；取得了 23% 的股本回报率。

SKS 公司的成功，说明了微型金融不再只是一个社会意识的投资选择，同时也是一个潜在的有利可图的投资（萨提亚南达·加布里埃尔等，2016）。

7.4.2.2 印度微型金融发展的教训

印度微型金融机构无论是规模还是数量都快速扩张，官办民办混杂、营利与非营利共存，在 21 世纪初出现高利率、争抢客源、多重放贷、暴力回收逾期贷款等恶劣问题。因为资本的逐利性，营利性商业化小额贷款公司利率都较高，为此政府出台严厉的措施限制小额贷款公司发展，甚至鼓励借款人不还款。由于机构众多，为争抢客源，小额贷款公司逐步放松了对借款人的条件约束，导致一个借款人在多个公司有负债而无力偿还。而且，恶性竞争也导致放款利率呈现下降趋势，使得小额贷款公司资产回报率下降。同时，与小额贷款捆绑销售的人寿险，规定可以用借款人死亡赔偿金偿还贷款，于是导致暴力回收逾期贷款事件频发，出现了因暴力催收造成的借款人死亡事件。

综上，印度的微型金融覆盖深度和广度都是很高的，形式也是多样的。无论是营利性还是非营利性，都为穷人脱贫提供了资金支持。但与此同时，不同机构之间的无序竞争以及政府出台的一些法规和宗教等因素，对整个微型金融系统的发展造成明显的制约，其未来将面临持久的考验（杨先道，2013）。

7.4.3 构建专门的孟加拉国乡村银行模式的小贷公司或提供该种模式的服务

作为服务于贫困人群的孟加拉国乡村银行，成功地实现了扶贫与可持续经营的双重目标，我国众多的偏僻农村和相对落后的城乡结合部的金融发展都可以推行这种模式。

7.4.3.1 孟加拉国的乡村银行——格莱珉银行（Grameen Bank）

早在20世纪70年代，孟加拉国教授穆罕默德·尤努斯就开始在国内尝试为穷人提供小额贷款，并在此基础上，在孟加拉国中央银行和国际农业开发基金（International Fund for Agriculture Development，IFAD）的资助下，在1983年创立了专门向贫困家庭发放贷款的孟加拉国乡村银行——格莱珉银行，这是迄今为止世界上规模最大、效益最好的扶贫项目和扶贫方法。尤努斯因此被视为全世界利用小额贷款向贫困宣战的最具象征性与号召力的人物，于2006年获得诺贝尔和平奖。

（1）乡村银行是奉行福利主义的微型金融机构。尤努斯曾在孟加拉国进行了大量的调研，发现穷人一直处于贫困状态，并非没有劳动技能，也不是懒惰或愚蠢，而是因为没有能够获得正常贷款的渠道，只能通过高利贷，而借入高利贷进行生产再偿还高额的本息后，依然没有资金，为了生存不得不再次借入高利贷，于是始终处于一种"贫困—借入高利贷—还款—贫困"的恶性循环状态。尤努斯创立的乡村银行不以盈利为目的，而是以扶贫为宗旨，为穷人提供了一种躲开高利贷的方式。尤努斯强调，乡村银行不属于商业银行，而是成员股东拥有的、基于信任和商业运作的"社会组织"（Yunus，2007）。不过，尤努斯认为以贷款方式扶贫，效果会优于直接拨款援助，因为贷款是要偿还本息的，会激励借款人努力工作，提高自己还款和赚钱的能力；此外贷款本息收回后可以帮助到更多的穷人摆脱贫困。即贷款的方式有利于提高资金整体使用效率。

乡村银行最初资金主要是来自国际组织和国际社会捐赠，其在运营中坚持了扶贫功能与可持续经营的双重目标，从1995年起不再接受任何捐款，完全实现了财务和机构的可持续性，成为全球扶贫金融运作最成功的模式。截至2014年4月，乡村银行累计发放贷款152亿美元，贷款余额为11.26亿美元，贷款偿还率达97.28%；存款余额19.14亿美元，其中成员存款11.94亿美元，非成员存款7.2亿美元，存贷比为58.8%。乡村银行到2014年4月底仅有2.72%的贷款没有得到按期偿还，除了少数年份之外每年均保持了盈利（冯兴元，2014）。

乡村银行这样良好的经营业绩首先是基于对穷人的信任，尤努斯始终坚信穷人有智慧、有生产能力，并且讲信用。其次则要归功于其优秀而持久的经营之道。

（2）乡村银行的经营之道——小组联保、强制储蓄。因为乡村银行的服务对象都是没有抵押能力的穷人，所以其贷款无须抵押、质押，但为了提高贷款的安全性，乡村银行采取了小组联保模式。小组联保主要是"二二一"联保方式，即贷款不是直接面对单个的贫困户，而是由5个人组成贷款小组，贷款先发放给其中2个成员，观察两周后，再发给另外2个成员，最后放贷给小组组长；每5个贷款小组组成一个中心。不过，值得注意的是，这种小组联保与通常意义上的小组成员间互相担保、承担连带责任的团体贷款并不相同，在这种贷款小组中，并不要求成员间承担连带担保责任，只是一人违约，会使整个小组成员未来获得贷款服务的机会受到影响，可以认为小组成员间承担的更多是道义上的相互监督责任；同时，如果还款情况好，未来会获得持续的金融支持，并且贷款额度会逐步提高。因为小组成员基本都是邻里关系、相互了解，组员间相互监督，特别是基于"面子"的考虑和来自小组内部群体监督的压力，保证了贷款的偿还率，帮助乡村银行有效规避了信息不对称可能导致的逆向选择和道德风险。

同时，为了确保借款人有能力还款，乡村银行推行强制储蓄制度，一般规定每个借款人每周都要向项目存1元钱，并且在放贷时，借款人要将借款额度的5%作为基金存入小组。这样运作的结果就是乡村银行68%的存款来自借款人。更值得一提的是，乡村银行的股东94%都是借款人（政府持股6%），因为每人只要出3美元，就可以成为乡村银行股东。

（3）乡村银行的经营之道——其他保障贷款安全性的措施。孟加拉国乡村银行最初的贷款偿还率能达到100%，除了小组联保这个方式的运用，其他一些同时采取的措施也功不可没。

第一，贷款一般采取小额短期、整借零还的方式。乡村银行贷款期限一般为52周，从贷款发放后的第二周，就会要求借款人还款，这样，每周偿还1/50，既减轻了一次性还款压力，也利于培养借款人理财意识。

第二，小组会议和中心会议制度。贷款小组每周要开一次会，贷款中心则半个月开一次会，会议有两大议题，一是知识和信息的交流与传递，就是给这些申请贷款的穷人传授生产技能、交流商业信息等；二是收回每周的还款，确定新的贷款项目，帮助遇到困难的借款人解决问题。实际上，正是每周的例会使得借款人的行为完全公开于小组和中心，所以虽然乡村银行后来取消了小组联保放款的模式（贷款小组、贷款中心依然存在，只不过放弃小组联保模式后，每个人不会因为其他成员违约而使自己未来的贷款受到影响），直接针对小组中的个人，但其还款效果并未受到影响。

第三，以女性为主要客户，针对不同情况，实行差异化利率。尤努斯认为女性流动性低，且还款意识比男人高；同时，女性地位更低，更需要帮助，女性更顾及家庭，女性脱贫更利于孩子和家庭的发展。截至2014年4月，乡村银行共有2567家分行，服务覆盖81390个村庄，共143163个中心和132.7万个小组，拥有862万成员，其中96.2%为妇女（冯兴元，2014）。

与此同时，乡村银行还开发出不同的贷款产品，实行差异化利率。例如，普通贷款一般利率为20%，住房贷款利率为8%，子女教育贷款利率5%，乞丐只需偿还本金；借款人去世则债务免除等，极尽人性化。

第四，利率大大低于高利贷，但略高于正规银行利率，有效杜绝了富裕人群以贷养贷。

第五，乡村银行员工为借款人提供上门服务，有效解决了穷人面对银行望而却步的问题。

第六，信息化管理系统提高工作效率。

由上述分析可见，孟加拉国乡村银行提供的小额贷款是种子资金，使穷人能够自我雇佣、创造就业、消灭贫困，成为全球小额贷款运作的典范。同时，不能忽视的是其高效的管理，不过，随着时间的推移，以及对可持续性的追求，乡村银行的目标客户也开始由低收入和中等偏下收入群体向中等收入和中等偏上收入群体偏移，甚至出现高收入客户，例如，2005年乡村银行给小企业发放的贷款占到其当年贷款总额的22%（张正平，2016）。

7.4.3.2 孟加拉国乡村银行模式在中国的践行现状

（1）乡村银行模式的践行现状。孟加拉国乡村银行模式在孟加拉国以及世界许多国家践行的成功，也吸引、激励着中国去仿效和推行。在中国，最早尝试推行乡村银行模式的应该是被称为"中国小额信贷之父"的中国社会科学院杜晓山教授为首的团队，他们在1994年利用格莱珉信托基金提供的 15 万美元种子资金和福特基金会提供的 2 万美元项目资金，在河北易县创建中国首批扶贫合作社项目，被称为中国的"穷人银行"。随后，这一项目又被推广到河南等地。扶贫合作社项目运行之初，基本完全套用乡村银行模式，例如以妇女作为主要贷款对象、5 人成立一个贷款小组、每周举行例会并还款一次、将贷款额的 5% 存入项目等。这种运行最初由中国社会科学院的项目团队成员进行管理，最初三年项目进展顺利，基本保证了 100% 的还款率。之后，随着中国社会科学院项目组逐步撤出，项目移交给当地扶贫办管理，最后基本以失败告终。

2012 年，尤努斯到中国为"尤努斯中心·中国"揭牌，并聘任从 2002 年起一直在苏北农村执着地推行乡村银行模式的高战为中心首任执行长。2002 年高战就分别在江苏省宿迁市沭阳县官墩乡、新沂市窑湾镇陆口村带领农民成立了农村发展协会，协会为成员在运输、养殖、种植、加工等方面提供资金支持，并维持了良好的体内循环。2010 年，高战将农村发展协会转制为合作社，成立了 17 个贷款小组，由 3 位大学生做信贷员，完全采用孟加拉国乡村银行模式管理和运行。到 2012 年，17 个贷款小组只剩下 3 个始终坚持着乡村银行的运营模式并取得良好的效果，其余基本解散或不再完整了。

（2）中国践行乡村银行模式的经验与教训。近年来，中国的农村资金互助社、农民专业合作社、小额贷款公司数量逐步增长，但完全按照孟加拉国乡村银行模式运行并取得成果的并不多见，研究前述案例会发现，取得成功的经验至少有三点：一是严格按照乡村银行模式运行。按照乡村银行模式，每周还款减轻了借款人还款压力，每次还款时存入 5% 作为小组基金（高战采取的是由合作社给付存款利息的方式），日积月累形成一笔数额不小的积蓄，激励了借款人储蓄、理财、管理资金的理念和兴致。乡村银行模式的每周例会，使借款人活跃了思想、增长了知识、缔结了更牢固的友谊，并逐步拥有了尊严和新的勇气。二是坚持。贷款发放下去之初，有些贷款项目很难快速见到效益或大的改变；同时每周坚持进行例会，对习惯于散漫的农民也是一个挑战。成功的都是有毅力按照规定坚持下来的。三是强化对信贷员的培训。在孟加拉国，乡村银行的信贷员一般要经过半年甚至更久的专业培训才能开始工作，中国社会科学院 20 世纪 90 年代尝试推行乡村银行模式时，最初的管理者（信贷员）基本都是由中国社会科学院的教授、研究生亲自担当的,他们拥有良好的理论和业务素质以及对这项工作的精髓的理解,因此最初运营的三年是成功的。

失败的原因则有:一是未严格按照模式运行,中国官僚体制的介入,扭曲了项目的运营,项目丧失了独立性。乡村银行模式在河北、河南的试运行后期,杜晓山团队成员退出后,项目转给当地扶贫办,管理方的改变既给小额贷款项目带来了行政的干预,也出现了以权谋私、圈贷转贷扶贫资金为个人牟利、将资金放贷给非贫困对象等乱象。二是借款人从事的生产不适于每周还款模式。借款对象将资金用于种植和养殖,一般很难一周或半月就取得收益,所以,乡村银行每周还款模式更适于那些手工业、加工业、零售商业、运输等见效快的领域,而对于我国传统农民长久从事的种植养殖,会加大他们被逼债的心理,引起反感和排斥。三是观念陈旧,自我排斥,羞于借款。一些农户认为小组贷款模式相当于自己要借款时,必须有其他四个人帮助,一起借款才行,那四个人借款似乎更像是为了自己借款而做出的奉献行为,为了面子、为了不欠人情,从心理和行动上抵触这种小组联保的贷款模式。四是制度制约。作为小额贷款公司,按照国家的规定,不能吸收存款,所以,杜晓山团队推行乡村银行模式时,强制储蓄以及将贷款余额的5%存入贷款小组都很难实施。五是产权不清导致责任不明。我国照搬的孟加拉国乡村银行模式,初始资金大多都来源于捐赠或政府资助,因为乡村银行模式运行伊始一般都是投入大于产出,捐赠者是一次性做公益的态度,经营者是帮助别人做公益的想法,对整体运营缺乏有效监管和激励,最终不了了之。

2016年11月,由河南省13家城市商业银行合并组建的中原银行,在孟加拉国与格莱珉有限公司签署合作备忘录,2017年2月28日,中原银行格莱珉普惠金融与精准扶贫国际合作项目在郑州正式启动。它们的目标是依托自身遍布河南省18个地市的网点,全面复制格莱珉模式。期盼中原银行能切实秉持格莱珉银行独立地、全心全意地为真正的穷人服务的核心,不受外界与穷人生产发展、与穷人家庭经济增长无关的因素影响,并针对贷款小组的具体生产经营特点,采取更为灵活的创新存贷款管理方式,脚踏实地地推行这一模式。

总之,我国在践行孟加拉国乡村银行模式时,一方面可以组建独立的小额贷款公司,按照乡村银行模式运行,初始资金可以通过政府注资、社会捐赠和企业个人入股筹集；另一方面也可以学习中原银行的做法，在现有的金融机构中设立乡村银行项目部，抽调专门的人员进行培训后实施这种放款，并实施单独核算和考评制度。国内外大量的案例已经证明，穷人既有很强的挣钱欲望，也具有很强的挣钱潜力，同时还具有强烈的诚信意识和行为。

7.4.4　充分利用现代网络，开发创新更多服务品种

作为服务低收入群体和小微企业的微型金融，承担着完成普惠金融理念最低端、最基层的服务重任，纵观全球微型金融的发展，到今天为止，其服务模式似乎已不局限于前述的专业的金融机构和小额贷款公司，实际上其创新和变革层出不穷。

7.4.4.1　由信用销售引出的开在连锁店的消费者小额信贷公司

墨西哥的艾丽卡公司原来只是一家生产收音机、电视机的企业，后来开始从事零售业。这家公司的前身早在20世纪30年代就开始提供信用销售，当时仅仅是为了增加业务和顾客。20世纪30~90年代，这家公司先后经历了针对低收入客户的"信用销售—停止信用销售—重新开展信用销售"的过程。在开展信用销售的过程中，它们发现墨西哥的低收入者无法从金融机构获得信用卡，而低收入群体巨大，低收入市场潜力无穷。于是20世纪90年代，艾丽卡公司在信用消费的基础上，开始给这些低收入者提供信贷服务。它们利用连锁店给这些月收入200美元左右甚至更低的客户提供包括小额消费信贷在内的多种微型金融服务，这种方式一方面节约了建立独立的微型银行分支机构的高昂的固定成本，另一方面培养巩固了稳定的客户群。它们一般向借款人收取60%~90%的年利率，同时要求借款人或其担保人提供房产作为绑定的担保条件。这种微型金融业务的发展，通过借款人每周到连锁店还款增加了艾丽卡店铺流量，鼓励了后续采购（萨提亚南达·加布里埃尔等，2016）。

不过，这种高昂的利率和对穷人仅有的房产的绑定，被一些福利主义者所反对。但是，支持这种方式的人士认为，如果没有艾丽卡提供的微型金融服务，低收入者可能连获得重要的家庭用品的机会都丧失了，毕竟只有艾丽卡给这些人提供信贷服务，也只有提供这样的信贷服务，这些低收入者的生活需求才得到满足。

实际上，这种依赖于连锁店向低收入群体提供微型金融服务的方式也引起了许多商业人士的关注。连锁超市巨头沃尔玛在2005年就向美国联邦存款保险公司申请创办小型商业贷款公司，但一直没有得到批复。2006年，沃尔玛转战墨西哥，开办专门针对穷人和低收入群体的沃尔玛银行，2007年又推出11家分行，沃尔玛至今已在墨西哥125个城市、425家超市的门店内开通银行服务。

当然，这种开在超市门店内的银行不像传统银行那样被强制要求采取核心资本充足率、拨备覆盖率、存贷比等安全措施。也正因如此，政府对这样的新型微型金融机构的监管尚处于空白状态。

7.4.4.2 紧扣网络空间的微型金融——Kiva，全球第一个基于网络的私对私借贷平台

萨提亚南达·加布里埃尔等（2016）指出，全球大约有10000个微型金融机构，其中仅有约200家顶级微型金融机构符合商业评级标准，适合商业投资和银行贷款，其余的9800家则低于商业级水平，被称为微型金融机构的长尾。投资者会避免投资于这样的微型金融机构，这也势必导致这些机构缺乏资金来源，从而影响其为更多的贫困和低收入者服务。Kiva的建立帮助这些微型金融机构的长尾们获得了资金支持，并通过这些长尾将资金放贷给最底层的创业者，帮助其摆脱贫困。

Kiva是斯瓦希里语中的一个单词，意为协议或成交。它创立于2006年，属于非营利私对私小额贷款中介平台，致力于向发展中国家的创业者提供小额贷款，实现消除贫穷的目标。Kiva的创始人和CEO马特·弗兰纳里（Matt Flannery）发现，大多数人总是习惯于向富人筹款帮助穷人，而实际上中等收入人群数量更为庞大，只要将中等收入人群与处于长尾位置的微型金融机构连接起来，就能帮助到非洲以至全世界的"潜在的企业家"（萨提亚南达·加布里埃尔等，2016）。于是，弗兰纳里和他的团队就创立了名为Kiva的网站，成为全球第一个基于网络的私对私借贷平台。

Kiva的运作原理很简单。首先，通过世界各地的小额贷款机构获得贷款申请人的基本信息，公布在Kiva网站上，包括贷款申请人的照片、贷款使用计划等详细信息。网站模仿网上商店的做法，根据贷款申请人偿还前期贷款的情况、经营时间和贷款总金额等给申请者评级。其次，世界各地的放款人根据这些信息选择放贷对象，并将资金转移给Kiva网站，Kiva再

把资金以免息或很低的利息放贷给相应的小额贷款机构，然后这些机构再以一定利息将资金放贷给贷款申请人。Kiva 会随时跟踪贷款使用情况并在网站上公布。

Kiva 通过网络从普通人而非少数富有者那里获得资金，因为资金来源于这些有空闲资金的个人，这些人更愿意以做慈善的心态免费提供资金的使用权，因此 Kiva 帮助小额贷款机构降低了获得资金的成本，甚至使它们不需要支付成本，这样小额贷款公司将有更多资金贷给穷人。而一旦小额贷款机构发展壮大，就有机会接触到更多有需求的穷人，同时也能够降低它们向穷人放贷的利息。

借款人偿还借款本息后，小额贷款公司会将本金还给贷款人，利息则用于自身维持运营的成本支出。Kiva 的运营费用则依赖于贷款人的捐赠，贷款人可以决定是否将贷款额的 10% 捐赠给 Kiva。

Kiva 最初是想做成营利性商业机构的，但通过调查发现，一方面，如果它以盈利为目的，将有至少一半的基于做慈善初衷的出资者不再愿意出资参与微型金融服务；另一方面，很多微型金融机构都是非营利性的，只向处于社会底层的借款人收取较低的利率，如果 Kiva 做成营利性商业机构，势必要向微型金融机构收取利息，从而抬高了微型金融机构的融资成本，会造成许多微型金融机构放弃从 Kiva 平台融资。

与孟加拉国的乡村银行比较起来，Kiva 没有实体营业场所开支，仅借助网络虚拟平台，其运营成本更低、触及范围更广。到 2008 年，仅用两年的时间便吸引了全球大约 25 万贷款人，向 41 个国家、约 3 万人次提供了 2200 万美元的无息贷款。

7.4.4.3 微型金融在我国的创新与发展

微型金融服务的创新发展绝不止于上面阐述的内容。在我国，随着"互联网+"的发展，目前主要是从两个角度对微信金融进行创新：一是建立专业的互联网金融企业，提供互联网金融产品，如已经产生的 P2P、互联网保险公司等；二是将金融机构的部分业务搬到网上，实现网络交易，例如我国普通民众广泛使用的手机银行、微信支付、支付宝等均属于微型金融手段的创新。无论哪一种方式，都意味着极大地节约了微型金融服务中的可变成本和交易成本，并且不受时空制约，特别是随着手机银行的普及，更可以将微型金融服务延伸到每一个人身边。这些创新都推动了微型金融服务对象的拓宽和服务深度的延展。伴随着经济发展、技术变革，微型金融的服务手段、方式、组织架构、资金来源及运作等都有可能发生巨大的变革或创新，这样的变革发展会推动微型金融为更多的贫困者和低收入人群服务。

总之，微型金融的创新至少体现在两个方面：一是以科技为支撑，不断引入或开创新的服务手段和方法；二是创新更多的是民间行为，而非政府推动。

微型金融的需求是巨大的，提供微型金融服务的潜力是无限的。

7.4.5　建立可行高效的管理模式

（1）建立高效的信息管理系统。一是接入中国人民银行的征信系统，实现信息平台共建共享；二是建立内部管理的信息系统，例如会计信息管理系统、柜员管理系统、信贷业务管理系统、客户信息管理系统等，提高信息化管理程度。

（2）建立长效的员工培训和激励机制。对员工的培训可以采取两种方式：一是与大型金融机构合作，接受大型金融机构提供的各种业务培训或邀请大型金融机构为员工做技术培训；二是微型金融机构内部根据业务特点进行经营理念、业务操作、产品营销等方面的培训。对员工的培训应该长期化、制度化，并可以定期考核，以提高员工整体素质和业务能力。对员工的激励则应基于机构本身的经营目标确定可行的激励机制，例如鼓励动员储蓄、提高收贷比例。同时为实现扶贫与可持续经营的双重目标，可将员工对贫困户的服务时间、服务数量、服务效果等纳入考核范围。

7.4.6　采取灵活定价机制

中国人民银行已经在2013年全面放开了贷款利率，2015年又放开了存款利率浮动上限，这既给予了微型金融机构更大的灵活定价空间，也带来了巨大的挑战，因为所有的金融机构都可以自由确定存贷款利率，意味着本属于微型金融机构的利率浮动"特权"消失了。对此，因为有行业协会定价自律机制的制约以及延伸到农村的过高管理成本的限制，微型金融机构尚不会受到大型金融机构揽存和放贷的威胁，但因为手机银行等互联网金融的快速发展，微型金融机构必须要有紧迫感，需要采取更为灵活的定价机制应对外界竞争、维持可持续发展。

关于产品定价，学界一般围绕贷款价格进行探讨，包括成本加成定价法、基准利率加点定价法、客户盈利分析定价法、世界银行扶贫协商小组（The Consultative Group to Assist the Poorest，CGAP）提出的 Rosenberg 定价法、盈亏平衡定价法等。实际上这些关于贷款价格的确定方法完全可以套用到其他服务中，根据经营目标的不同、客户的不同采用不同的方法。

例如，如果采取孟加拉国乡村银行模式伊始，初始资金完全来自捐赠，那么采用不考虑资金成本的盈亏平衡定价法确定贷款利率就比较合适又易于操作。盈亏平衡的基本公式是：

$$L \times (1+r) \times (1-a) = L + C \tag{7-2}$$

式（7-2）中，L 为当年平均贷款规模，C 为不含资金成本的其他成本之和，r 为小额贷款利率，a 为贷款拖欠款。

此外，因为 Rosenberg 定价法就是针对为发展中国家贫困人口提供信贷服务设计的一种贷款定价法，所以，面向低收入群体的个人贷款定价可以采用这种方法。Rosenberg 定价法确定利率的基本公式是：

$$R = \frac{AE + LL + CF + K - II}{1 - LL} \tag{7-3}$$

式（7-3）中，AE 为管理费用率，LL 为贷款损失率，CF 为资金成本率，K 为预期利润率，II 为投资收益率。它们分别由管理费用、年度贷款损失额、资金成本、预期利润和投资收益除以年度贷款余额得到。

7.5 本章小结

针对我国微型金融体系建设中存在的各种问题，结合国内外微型金融体系建设的经验和教训，本章分别从政府、大型金融机构和专业性微型金融机构的角度阐述了微型金融发展的建议。

因为微型金融服务是属于具有公共产品性质的近似俱乐部物品，同时具有扶贫和可持续发展双重使命，因此在微型金融体系建设中，政府的作用至关重要。不过，政府在微型金融体系建设中的任何行为都应该是对商业化运行的微型金融体系市场失灵部分的一种补救或预防，不能用政府行为去取代作为微型金融服务主体的微型金融机构的行为，所以，在促进微型金融体系建设过程中,政府所做的一切对微型金融体系的影响都应该是外围的、间接的、辅助的。具体而言,第一,为促进微型金融体系建设,政府进行相关制度建设,为微型金融的顺畅运行提供制度和法律的保障是重中之重。政府可以通过规定小额信贷供求双方强制购买储蓄险和信贷险,维护微型金融供求双方的资金安全性;通过推动成立保险基金、担保基金,为微型金融机构规避风险提供最后一道保障;通过推进并监管自律性行业协会建设,为微型金融机构营造健康的市场竞争环境;通过健全法律法规为微型金融机构的安全进入、运行及退出提供法律依据和保障。第二,作为公共产品的一种,微型金融的体系建设也需要公共资金的投入,不过,既然确定了微型金融商业化运行的属性,这种公共资金的运用应该更多的是投资到外围环境建设上,即进行道路、交通、网络通信等基础设施建设,降低偏远地区、经济落后地区的居民、企业与外界沟通交流的时间成本和资金成本;同时花大力气进行公共信息平台建设,降低微型金融服务供求双方因搜寻信息而带来的交易成本;增加对这些地区的医疗、教育、培训等投入,提高居民整体生存能力,营造良好的生存环境。除了这些外围投入,还可以利用补贴、购买保险、成立基金等方式给予运行中的微型金融间接的资金支持。第三,改变固有的扶贫理念和扶贫方式,要以扶贫开发的理念取代单纯的扶贫观念,要将持久的脱贫并逐步致富作为扶贫开发的目标而非政治性的完成仅体现在某一时点的人均收入的脱贫。引导并尽可能放手让微型金融机构以更灵活的方式服务于贫困人口。第四,对于我国城镇化进程中出现的比较突出的空心村的改造,更应该注重发挥政策性引领作用,具体实施则放手让地方与各类金融机构相约联手,本着互利共赢的原则去开发建设新农村。

政策性银行在提供微型金融服务时,由于具有服务目标清晰、服务对象明确、服务范围既定的特点,其微型金融服务效率很高。因此,在微型金融体系建设中,政策性银行应坚持发挥自身对微型金融发展方向的引导作用,突出自身特点,从贷款角度直接为特定的人群、特定的项目、特定的区域提供期限长、利率优惠的贷款,并尽可能与商业化的微型金融服务对象、服务领域相区分,发挥好贯彻国家不同时期不同政策目标的功能。

微型金融服务不是微型金融机构的专利和特权,大型金融机构可以利用自身优势参与并提供微型金融服务。为了发挥大型金融机构和微型金融机构各自的比较优势，营造一种各司其职、各尽其责的市场环境，大型金融机构介入微型金融服务领域的方式也应遵循市场配置资源的原则，建立小微企业服务部，专门为城市中的小微企业服务；通过参股、提供技术服务、直接投资、服务外包等方式，介入独立运营的微型金融机构，不与微型金融机构争夺县域及以下的市场，从而促进充满活力的有序竞争格局的实现。与此同时，大型金融机构可以通过扩大二级支行服务范围和自主权，使其为社区居民的服务深度得到拓展；还可以通过手机银行服务，利用规模化优势，不断降低服务收费，使更多的低收入群体获得正规金融机构提供的服务。

作为提供微型金融服务主力军的专业微型金融机构，自身具有资金实力弱、抗风险能力低，服务范围小、业务拓展慢，建设历史短、经验欠缺等弱势，但同时也具有新兴产业的激情和不断扩大市场份额的动力与对市场变革敏锐的洞察力，以及能不断开拓新市场、灵活推出新产品的优势，所以抓住国家鼓励新型金融机构开展业务、大力推进新型城镇化的机遇，立足当地、突出特色是微型金融机构成功发展的关键。为提高运营效率，高效的信息化管理系统的使用必不可少。同时可以努力申请承担扶贫贷款的发放管理工作，一方面通过发放扶贫贷款获得人民银行给予的各种优惠，另一方面可以利用自身地域等优势，采用孟加拉国乡村银行模式管理扶贫贷款，实现扶贫与可持续发展的双赢。

由前面章节的研究可知，政策性银行在提供微型金融服务时，由于具有服务目标清晰、服务对象明确、服务范围既定的特点，其微型金融服务效率很高。因此，本章没有再对政策性银行的微型金融服务进行专门的研究。在微型金融体系建设中，政策性银行应坚持发挥自身对微型金融发展方向的引导作用，突出自身特点，从贷款角度直接为特定的人群、特定的项目、特定的区域提供期限长、利率优惠的贷款，并尽可能与商业化的微型金融服务对象、服务领域相区分，发挥好贯彻国家不同时期不同政策的功能。

8

研究结论与展望

8.1 主要研究结论

本书从人口城镇化与微型金融发展的关系入手,层层递进,以山东省为例,通过对微型金融体系建设状况和存在的各种问题进行剖析,对我国人口城镇化进程中的微型金融体系建设提出了可行性建议。主要研究结论有:

(1) 人口城镇化与微型金融发展具有相互的促进作用,不过,两者之间并不是一种直接的关联关系,而是以经济发展作为纽带。经济发展既是人口城镇化的起因和动力,也是微型金融发展的起因和动力;同时,人口城镇化通过人口集聚、产业集聚、资金集聚、技术集聚促进了经济发展;微型金融发展则提高了低收入群体拥有的货币量,提高了穷人的消费能力,因为穷人的边际消费倾向高,所以能够拉动整个社会的边际消费倾向,进而带动社会投资乘数提高,经济发展增速。人口城镇化的发展一方面对微型金融服务产生了巨大的需求,故而从需求角度拉动了微型金融的发展;另一方面由于其具有的一系列集聚效应,又从人才、技术等供给角度改善了供给环境、供给效率,推动了微型金融发展。微型金融则通过服务于小微企业和低收入群体,促进了就业,进而推动了人口城镇化进程。

(2) 不同的金融机构在提供微型金融服务时效率不同。根据山东省的数据考察,专注于微型金融服务的城商行、村镇银行和小额贷款公司服务效率最高；因服务目标清晰、服务对象明确、服务范围既定，政策性银行微型金融服务效率也很高。不过，由于网点众多、分散，其管理水平和技术水平相对低下，主要面向农村提供微型金融服务的农商行、邮政储蓄银行服务效率都较为低下。与之对应的国有大型商业银行和全国性股份制商业银行服务效率也不高，主要原因是其提供的微型金融服务比例低，存在既有营业网点、技术、人才等资源浪费问题。

（3）扶贫是新型城镇化战略实施中很重要的一项任务，也是微型金融服务的两大目标之一。在市场经济条件下，除了丧失劳动能力的赤贫需要政府给予直接的财政资金扶助外，对其他有劳动能力的贫困群体，应该秉持由市场配置资源的原则，政府不要直接干预各类金融机构展开的具体扶贫工作。政府对贫困群体相对集中的地区进行基础设施建设，改善贫困人口的生活环境；为贫困人口提供医疗保障、提供教育和培训，改变贫困人口固有的穷人思维，开阔其视野，提高贫困人口的劳动能力比直接给予资金救助更具有长久的扶贫效果。政府制定扶贫目标，例如提出精准扶贫对象的标准和脱贫的具体时间目标，对于扶贫机构给予一些制度和经济上的优惠和鼓励（奖励），其余由扶贫机构自行安排扶贫资金、扶贫方式，资金使用效率会更高，实现永久脱贫的效果会更好。当然，这种放手让金融机构去做的办法，需要政府提供切实的优惠措施和保障措施，使得扶贫机构的扶贫工作至少维持收支平衡，如政府可以提供购买保险、政府做担保、再贷款优惠、税收奖励等。同时，为避免扶贫的金融机构会同参与扶贫的企业套用扶贫优惠条件，发生使命漂移和道德风险行为，还需要政府制定一套连续的跟踪验收措施，以确保贫困人口成为真正的扶贫资金受益者，实现永久的脱贫。

（4）微型金融发展能够促进城镇化进程，政府应结合我国国情和各地具体的经济发展状况，推出切实可行的政策、措施、行动来推动微型金融体系建设。实证研究表明，微型金融主要服务于小微企业和农村低收入群体，小微企业是吸纳农民工就业的主力军，通过金融支持，可以促进小微企业发展，从而推动城镇化率的提高。微型金融服务不是微型金融机构的专利，所以，一方面国家应该持续鼓励专业微型金融机构发展，另一方面也应提倡大型金融机构下沉业务范围，开展微型金融服务创新。具体办法如强制推行储蓄保险制度、设立保险基金和担保基金、提供公共信息平台、推动自律性行业组织建设、放宽微型金融机构准入门槛等。不过，在微型金融服务逐步走上快速通道时，政府还需要注意引导微型金融机构的设置不能盲目简单学习国外的经验，应该因地制宜地进行发展和变革。例如，为给城市居民提供更丰富的金融服务，使城市低收入群体和农民工都能享受到正规的金融服务，可以将目前大型金融机构的二级支行改制为社区银行模式，无须重新设立像美国一样的具有独立法人资格的社区银行。另外，政府对微型金融的管理要坚持宽容但不能放纵的观念，要充分利用高科技手段，推行过程化监管。通过健全法律法规体系，用法律法规为微型金融服务供求双方保驾护航。

(5) 对各类农民专业合作社这种内源性金融机构，政府应采取包容、鼓励的态度。在我国目前金融体系中，由于考虑到成本等因素，正规金融的发展尚不能触及所有的区域和人群，这类内源性金融机构的存在极大地提高了普惠金融的广度。同时，这种内源性金融机构的运作大部分取得了供求双赢的效果。因此，国家对这类"草根"金融的发展不要搞整齐划一的标准去约束，只需在充分深入基层调研的基础上，做一个框架式的规范，用于引导这类金融机构发展（例如给出一个放款利率上限等关键性约束条件），并将这类机构的运营数据纳入央行监管系统统一进行统计分析。与此同时，这些机构具体的行为方式、业务拓展领域等完全可以由互助社成员在法律和国家规定的大的框架下自行决定。

(6) 各类金融机构应抓住机遇，发挥特色优势，推进微型金融体系建设。首先，微型金融体系建设一定要重视科技进步的力量。微型金融的发展需要与高科技相结合，不断引进高科技的手段，例如像美国乡村银行与美国环境系统研究所合作，用后者提供的地理人口统计信息，准确地找到目标市场并识别城市内特定地点，进而建设新的乡村银行或分支机构。我国的微型金融体系在建设中也应放开思路，寻求与高科技企业及其他行业合作的机会，通过合作争取实现成本的降低和新业务的拓展。再如全面引入信息管理系统，充分利用现代科技、互联网等技术开展网络金融业务等。其次，微型金融是一种能够很快适应各种变革特别是计算机、互联网的发展带来的技术变革的组织形式，使得资本向原本遭受资金短缺的地区运动成为可能（萨提亚南达·加布里埃尔等，2016），所以作为微型金融机构要具有灵敏的嗅觉，不仅要关注金融行业的发展，还要关注其他行业的变革和前沿科技的发展，不断捕捉新技术、开发新产品，提升自身营利能力。再次，微型金融机构的建设要突出特色并按照国家相关规范运行，特别是目前全国农村数量众多的农民专业合作社，在国家没有进行统一规范约束的背景下，更要秉持服务于民才能获得长久发展的理念，积极组织并加入行业自律协会，自我约束自身行为，既不能盲目无序扩张，也不能利用暂时的地域垄断优势偏向以高利贷方式运行。当然，无论制度主义还是福利主义，微型金融机构的运行都应该秉持独立运营、自负盈亏的理念，要追求自身财务和经营上的可持续发展，而非依赖于政策和外部资金。最后，孟加拉国乡村银行是全球在坚持扶贫和可持续发展双重目标的微型金融机构中运行最成功的范例，我国无论是专业性微型金融机构还是大型金融机构开展扶贫等微型金融服务，都应该充分学习它们的运营模式，静下心、沉住气，不攀比，追求长久的可持续发展。

8.2 未来研究方向

（1）实证研究表明，经济增速以及对经济增速增长的预期会影响农民是否选择进城打工，从而影响人口城镇化速度。这种情况说明农民城镇化意愿对城镇化进程将会有一定的影响，可能既会影响城镇化速度也会影响城镇化的成本，以及实施城镇化的具体策略。本书侧重于对实际发生行为的分析，虽然也涉及"被城镇化"问题，但没有围绕"意愿"展开研究，下一步将在实地调研和调查问卷的基础上，运用计量模型对农民的城镇化意愿及其影响进行研究。

（2）互联网金融蓬勃兴起，成为微型金融市场的一个新兴力量，并且有快速扩张的态势。但基于目前管理方不明确、数据收集困难，故对其具体运作情况并没有进行深入细致研究，可以作为未来研究的突破点。

（3）因为金融机构越来越多样化，金融机构开展混业经营的趋势也越来越明显，所以中国人民银行在2016年正式运行宏观审慎评估体系（Macro Prudential Assessment，MPA），准备逐步取代原有的差别准备金动态调整和合意贷款管理机制，以及对贷款质量进行监控的五级分类法。不过，因为这一体系推出不久，具体操作及其效果都没有资料。面对目前微型金融监管中存在的多头监管、多种标准的问题，MPA是否能将微型金融的安全发展纳入监管，未来应该建立怎样的一套动态监控体系，可以作为未来一个重要的研究方向。

参考文献

[1] 简新华, 黄锟. 中国城镇化水平和速度的实证分析与前景预测 [J]. 经济研究, 2010 (3): 28-39.

[2] 中央经济工作会议举行, 习近平温家宝李克强作重要讲话 [DB/OL]. 新华网, 2012-12-16, http: //news. xinhuanet. com/fortune/2012-12/16/c_ 114044452_ 2. htm.

[3] 王曙光, 王东宾. 金融减贫——中国农村微型金融发展的掌政模式 [M]. 北京: 中国发展出版社, 2012.

[4] 王桂新. 城市化基本理论与中国城市化的问题及对策 [J]. 人口研究, 2013, 37 (6): 43-51.

[5] 赵峥. 中国城市化与金融支持 [M]. 北京: 商务印书馆, 2011.

[6] 胡鞍钢, 马尾. 现代中国经济社会转型: 从二元结构到四元结构 (1949~2009) [J]. 清华大学学报 (哲学社会科学版), 2012, 27 (1): 16-30.

[7] 叶静怡. 发展经济学 (第二版) [M]. 北京: 北京大学出版社, 2007.

[8] 陈宗胜, 吴婷. 农村二元经济转换对居民收入差别"倒U形"变动的影响——基于天津、山东农村案例的比较分析 [J]. 财经研究, 2015, 41 (10): 4-16.

[9] 任保平. 论中国的二元经济结构 [J]. 经济与管理研究, 2004 (5): 3-9.

[10] 杨叶忠. 农民的城镇化意愿及其主体参与机制建构: 苏浙沪调查 [J]. 重庆社会科学, 2012 (2): 26-32.

[11] 唐宗力. 农民进城务工的新趋势与落户意愿的新变化——来自安徽农村地区的调查 [J]. 中国人口科学, 2015 (5): 113-125+128.

[12] 陈昭玖, 胡雯. 人力资本、地缘特征与农民工市民化意愿——基于结构方程模型的实证分析 [J]. 农业技术经济, 2016 (1): 37-47.

[13] 王介勇,刘彦随,陈秧分.农村空心化程度影响因素的实证研究——基于山东省村庄调查数据[J].自然资源学报,2013,28(1):10-18.

[14] 孙东琪,陈明星,陈玉福,叶尔肯·吾扎提.2015~2030年中国新型城镇化发展及其资金需求预测[J].地理学报,2016(6):1025-1044.

[15] 陈池波,韩占兵.农村空心化、农民荒与职业农民培育[J].中国地质大学学报(社会科学版),2013,13(1):74-80+139.

[16] 王国刚.城镇化:中国经济发展方式转变的重心所在[J].经济研究,2010(12):70-81+148.

[17] 郝寿义,王家庭,张换兆.工业化、城市化与农村土地制度演进的国际考察——以日本为例[J].上海经济研究,2007(1):40-50.

[18] Manuals on Methods of Estimating Population Manual 8-Methods for Projections of Urban and Rural Population[M]. New York UN. Dept of Economic and Social Affairs,1974.

[19] 孙祁祥,王向楠,韩文龙.城镇化对经济增长作用的再审视——基于经济学文献的分析[J].经济学动态,2013(11):20-28.

[20] Luiz R., De Mello Jr.. Public Finance, Government Spending and Economic Growth: The Case of Local Governments in Brazil[J]. Applied Economics,2002,34(15):1871-1883.

[21] Henderson J. V. The Urbanization Process and Economic Growth: The So-What Question[J]. Journal of Economic Growth,2003,8(1):47-71.

[22] Gallup J. L., Sachs J. D., Mellinger A. Geography and Economic Development[J]. International Regional Science Review,1999,22(2):179-232.

[23] Fay M. Urbanization without Growth: A Not-So-Uncommon Phenomenon[R]. Policy Research Working Paper,2000.

[24] Fox. Urbanization as a Global Historical Process: Theory and Evidence from sub-Saharan Africa[J]. Population and Development Review,2012,38(2):285-310.

[25] Herrmann M., Khan H. Rapid Urbanization, Employment Crisis and

Poverty in African LDCs: A New Development Strategy and Aid Policy [R]. Mpra Paper, 2008.

[26] Brückner M. Economic Growth, Size of the Agricultural Sector, and Urbanization in Africa [J]. Journal of Urban Economics, 2012, 71 (1): 26-36.

[27] Smith L., Zhang Guorong. Financing Urbanization in Developing Countries [J]. Georgia Journal of International and Comparative Law, 1980 (10): 579-617.

[28] Stopher P. R. Financing Urban Rail Projects: The Case of Los Angeles [J]. Transportation, 1993, 20 (3): 229-250.

[29] Jayaraman B., Randeep S. M. Funds Flow between Rural and Urban Areas—A Case Study of Kolhapur and Parbhani Districts in Maharashtra [R]. National Bank for Agriculture and Rural Development Mumbai, 1996: 1-35.

[30] Kyung-Hwan Kim. Housing Finance and Urban Infrastucture Finance [J]. Urban Studies, 1997, 34 (10): 1597-1630.

[31] Cho Wu and Boggess. Measuring Interactions among Urbanization, Land Use Regulations, and Public Finance [J]. American Journal of Agricultural Economics, 2003, 85 (4): 988-999.

[32] Chang Miao. Urban Water Investment and Financing in China [J]. Water, 2004, 21 (10): 14-18.

[33] Stein A., Vance I. The Role of Housing Finance in Addressing the Needs of the Urban Poor: Lessons from Central America [J]. Environment & Urbanization, 2008, 20 (1): 13-30.

[34] Mathur S. Self-financing Urbanization: Insights from the Use of Town Planning Schemes in Ahmadabad, India [J]. Cities, 2013, 31 (2): 308-316.

[35] Yves Cabannes. Financing Urban Agriculture [J]. Environment and Urbanization, 2012, 24 (2): 665-683.

[36] Zeller M. A Comparative Review of Major Types of Rural Microfinance Institutions Developing Countries [J]. Agricultural Finance Review, 2006, 66 (2): 195-213.

[37] Swain R. B., Sanh N. V., Tuan V. V. Microfinance and Poverty Reduction in the Mekong Delta in Vietnam [J]. African & Asian Studies, 2008, 7 (2-3): 191-215.

[38] Hulme David, Mosley P. Finance against Poverty [J]. Journal of Decelopment Economics, 1997, 54 (1): 189-194.

[39] Adams D. W., Graham D. H., Pischke J. Undermining Rural Development with Cheap Credit [C]. American Journal of Agricultural Economics, 1985.

[40] Pitt M. M., Khandker S. R. Credit Programmes for the Poor and Seasonality in Rural Bangladesh [J]. The Journal of Development Studies, 2002, 39 (2): 1-24.

[41] Khandker, Shahidur R., et al. Income and Employment Effects of Micro-credit Programmes: Village-level Evidence from Bangladesh [J]. The Journal of Development Studies, 1998, 35 (2): 96-124.

[42] Weiss J., Montgonmery H. Great Expectations: Microfinance and Poverty Reduction in Asia and Latin America [J]. Oxford Development Studies, 2005, 33 (3-4): 391-416.

[43] Armendáriz de Aghion, Morduch, B., et al. The Economics of Microfinance [M]. Cambridge, MA: MIT Press, 2005.

[44] Stiglitz J. E., Weiss, et al. Credit Rationing in Markets with Imperfect Information [J]. American Econimic Review, 1981 (71): 393-410.

[45] Simtowe F. Determinants of Moral Hazard in Microfinance: Empirical Evidence from Joint Liability Lending Programs in Malawi [R]. Mpra Paper, 2006 (12): 5-8.

[46] Armendáriz de Aghion, Gollier, B., et al. Peer Group Formation in an Adverse Selection Model [J]. Ecnomic Journal, 2000, 110 (465): 632-643.

[47] Stiglitz J. E. Peer Monitoring and Credit Markets [J]. World Bank Economic Review, 1990 (4): 351-366.

[48] Monika H., Gershon F. The Role of Groups and Credit Cooperatives in Rural Lending [J]. World Bank Research Observer, 1990, 5 (2):

187-204.

[49] Ghatak M., Guinnane T. W. The Economics of Lending with Joint Liability: Theory and Practice [J]. Journal of Development Economics, 1999, 60 (1): 195-228.

[50] Armendáriz de Aghion. On the Design of a Credit Agreement with Peer Monitoring [J]. Journal of Development Economics, 1999, 60 (1): 79-104.

[51] Laffont J. J., Tchétché N´Guessan. Group Lending with Adverse Selection [J]. European Economic Review, 2000, 44 (4-6): 773-784.

[52] Raghunathan U. K., Escalante C. L., Dorfman J. H., et al. The Effect of Agriculture on Repayment Efficiency: A Look at MFI Borrowing Groups [J]. Agricultural Economics, 2011, 42 (4): 465-474.

[53] Besley T., Coate S. Group Lending, Repayment Incentives and Social Collateral [J]. Journal of Development Economics, 1995, 46 (1): 1-18.

[54] Takashi K., Khan H. U. Vulnerability of Microfinance to Strategic Default and Covariate Shocks: Evidence from Pakistan [J]. The Developing Economics, 2012, 50 (2): 8-115.

[55] Hamp M., Laureti C. Balancing Flexibility and Discipline in Microfinance: Innovative Financial Products That Benefit Clients and Service Providers [DB/OL]. Ssm Electronic Journal, 2011.

[56] Alain De Janvry. More than Good Intentions: How a New Economics Is Helping Solve Global Poverty [J]. Economic Development and Culture Change, 2013, 61 (2): 465-469.

[57] Magali, Joseph John. The Influence of Rural Savings and Credits [J]. Research Journal of Finance & Accounting, 2013, 4 (19): 77.

[58] Pelke N., Musshoff O., Ron weber. Does Weather Matter? How Rainfall Affects Credit Risk in Agricultural Microfinance [J]. Agricultural Finance Review, 2015, 75 (2): 194-212.

[59] Christen R. P., Rhyne E., et al. Maximizing the Outreach of Microenterprise Finance: An Analysis of Successful Microfinance Programs [R]. US-

AID Program and Operations Assessment Report No. 10, 1995 (7): 1-46.

[60] Anand R., Anil K., Sharma M. Financial Sustainability of Microfinance Institutions: A New Model Approach [J]. Asia - Pacific Business Review, 2010, 6 (4): 12-17.

[61] Yaron J. Successfid Rural Finance Institutions [R]. Washington, D. C., World Bank Discussion Paper, 1992: 1-150.

[62] 毛一萍, 吴庆田. 农村微型金融机构可持续发展研究综述 [J]. 西部学刊, 2013 (11): 76-80.

[63] Hossain M. Credit for Alleviation of Rural Poverty: The Graeme Bank in Bangladesh [M]. Washington, DC: IFPRI, 1988.

[64] Rhyne E. The Yin and Yang of Microfinance: Reaching the Poor and Sustainability [J]. Microbanking Bulletin, 1998, 7 (2): 6-8.

[65] Ana Marr, Paola Tobaro. Crisis in Indian Microfinance and a way Forward: Governance Reforms and the Tamil Nadu Model [J]. Journal of International Development, 2011, 23 (7): 996-1003.

[66] Montgomery H., Weiss J. Modalities of Microfinance Delivery in Asia and Latin America: Lessons for China [J]. China & World Economy, 2006, 14 (1): 30-43.

[67] Bhatt N., Shui - Yan Tang. Delivering Microfinance in Developing Countries: Controversies and Policy Perspectives [J]. Policy Studies Journal, 2001, 29 (2): 319-333.

[68] Cull R., Asli Demirgüc-Kunt, Morduch, J. Financial Performance and Outreach: A Global Analysis of Leading Microbanks [J]. The Economic Journal, 2007, 117 (517): F107-F133.

[69] Mosley P., Hulme D. Microenterprise Finance: Is There a Conflict between Growth and Poverty Alleviation? [J]. World Development, 1998, 26 (5): 783-790.

[70] Schreiner M. Aspects of Outreach: A Framework for Discussion of the Social Benefits of Microfinance [J]. Journal of International Development, 2002, 14 (5): 591-603.

[71] McIntosh C., Wydick B. Competition and Microfinance [J]. Journal

of Development Economics, 2005, 78 (2): 271-298.

[72] Morduch J. The Microfinance Schism [J]. Papers, 2000, 28 (4): 617-629.

[73] Hishigsuren G. Evaluating Mission Drift in Microfinance: Lessons for Programs with Social Mission [J]. Evaluation Review: A Journal of Applied Social Research, 2007, 31 (3): 203-260.

[74] Conning J. Outreach, Sustainability and Leverage in Monitored and Peer-monitored Lending [J]. Journal of Development Economics, 1999, 22 (1): 51-77.

[75] Pedrini M., Ferri L. M. Doing Well by Returning to the Origin. Mission Drift, Outreach and Financial Performance of Microfinance Institutions December [J]. International Journal of Voluntary & Nonprofit Organizations, 2016, 27 (6): 2576-2594.

[76] 辜胜阻. 中国二元城镇化战略构想 [J]. 中国软科学, 1995 (6): 62-63.

[77] 中共中央关于制定国民经济和社会发展第十个五年计划的建议 [N/OL]. 人民日报（海外版），2000-10-19（1）.

[78] 周加来. 城市化·城镇化·农村城市化·城乡一体化——城市化概念辨析 [J]. 中国农村经济，2001（5）：40-44.

[79] 双传学，刘林元. 对"农村城市化的异议" [J]. 农业现代化研究，2002，23（4）：274-278.

[80] 刘杰武. 新型城镇化的提出历程研究 [J/OL]. 城市建设理论研究（电子版），2012（32）.

[81] 中共中央党校社会学教研室谢志强. 新型城镇化：中国城市化道路的新选择 [N]. 社会科学报，2003-07-03（004）.

[82] 胡际权. 中国新型城镇化发展研究 [D]. 西南农业大学，2005.

[83] 杨继瑞. 中国新型城市化道路的探索与思考 [J]. 高校理论战线，2006（11）：32-35.

[84] 胡必亮. 论"六位一体"的新型城镇化道路 [N]. 光明日报，2013-06-28（011）.

[85] 胡必亮，潘庆中. 中国新型城镇化：规划与完善 [J]. 中共中央

党校学报，2014（6）：89-93．

［86］吴江，王斌，申丽娟．中国新型城镇化进程中的地方政府行为研究［J］．中国行政管理，2009（3）：88-91．

［87］辜胜阻，李正友．中国自下而上城镇化的制度分析［J］．中国社会科学，1998（2）：60-70．

［88］仇保兴．科学规划，认真践行新型城镇化战略［J］．小城镇建设，2010，26（8）：7-12．

［89］仇保兴．智慧地推进我国新型城镇化［J］．城市发展研究，2013（5）：1-12．

［90］沈青基．论基于生态文明的新型城镇化［J］．城市规划学刊，2013（1）：29-36．

［91］单卓然，黄亚平．"新型城镇化"概念内涵、目标内容、规划策略及认知误区解析［J］．城市规划学刊，2013（2）：16-22．

［92］张立．人口城镇化资金需求测算与金融支持：厦门样本［J］．福建金融，2015（3）：14-20．

［93］尹鹏，李诚固，陈才，段佩利．新型城镇化情境下人口城镇化与基本公共服务关系研究——以吉林省为例［J］．经济地理，2015（1）：61-67．

［94］薛德升，曾献君．中国人口城镇化质量评价及省际差异分析［J］．地理学报，2016（2）：194-204．

［95］叶裕民．中国城市化质量研究［J］．中国软科学，2001（7）：28-32．

［96］杨艳琳，翟超颖．中国城镇化质量与就业质量的度量及其相关性分析［J］．东北大学学报（社会科学版），2016（1）：42-48．

［97］刘后平，邓霞，韩明月．新型城镇化与农民意愿［J］．山西财经大学学报，2015（S1）：14+17．

［98］陆益龙．向往城市还是留恋乡村？——农民城镇化意愿的实证研究［J］．人文杂志，2014（12）：94-101．

［99］聂伟，王小璐．人力资本、家庭禀赋与农民的城镇定居意愿——基于CGSS2010数据库资料分析［J］．南京农业大学学报（社会科学版），2014（5）：53-61+119．

[100] 罗其友, 张萌, 郑华伟. 经济发达地区城郊农民市民化意愿调查与思考——以江苏省溧阳市为例 [J]. 中国农业资源与区划, 2015 (1): 71-78.

[101] 钟文晶, 罗必良. 禀赋效应、产权强度与农地流转抑制——基于广东省的实证分析 [J]. 农业经济问题, 2013 (3): 6-16+110.

[102] 陈锡文, 韩俊. 如何推进农民土地使用权合理流转 [J]. 中国改革 (农村版), 2002 (3): 33-36.

[103] 黄燕, 杜艳球, 魏梓畅. 无地农民为何不愿"农转非" [J]. 汕头大学学报 (人文社会科学版), 2014 (2): 63-68+96.

[104] 古小波. 新型城镇化进程中农民进城意愿影响因素研究——以延安市为例 [J]. 商业经济研究, 2015 (11): 44-45.

[105] 李凤琴, 陈蕾, 师昭慧. 农村居民城镇化意愿低的原因及对策分析——基于皖南 X 区的调查 [J]. 农村经济与科技, 2016 (1): 174-176.

[106] 李勇, 杨卫忠. 农户农地经营权和宅基地使用权流转意愿研究——以浙江省嘉兴市"两分两换"为例 [J]. 农业技术经济, 2013 (5): 53-56.

[107] 孟星. 解决农民工住房问题的前提条件与根本途径 [J]. 华东师范大学学报 (哲学社会科学版), 2016, 48 (4): 62-66.

[108] 殷红敏, 班永飞. 农民城镇化意愿与响应能力及其影响因素——基于贵州 1796 名农民的调研数据 [J]. 湖南农业大学学报 (社会科学版), 2012 (3): 44-48..

[109] 陈轶, 吕斌, 张雪, 谭肖红. 城乡统筹背景下县域农村居民城镇化迁移意愿特征研究 [J]. 小城镇建设, 2013 (8): 79-83+104.

[110] 陈蕾, 师昭慧, 李凤琴. 社会分层视角下农村居民城镇化意愿及其原因分析——以皖南地区为例 [J]. 湖南农业科学, 2016 (7): 93-96.

[111] 严瑞河. 北京新型城镇化进程中农村内生金融服务研究 [D]. 中国农业大学, 2015.

[112] 李琬, 孙斌栋. "十三五"期间中国新型城镇化道路的战略重点——基于农村居民城镇化意愿的实证分析与政策建议 [J]. 城市规划,

2015（2）：23-30.

[113] 周一星. 城市化与国民生产总值关系的规律性探讨 [J]. 人口与经济，1982（1）：28-33.

[114] 成德宁. 城市化与经济发展 [M]. 北京：科学出版社，2004.

[115] 朱孔来，李静静，乐菲菲. 中国城镇化进程与经济增长关系的实证研究 [J]. 统计研究，2011（9）：80-87.

[116] 李金昌，程开明. 中国城市化与经济增长的动态计量分析 [J]. 财经研究，2006（9）：19-30.

[117] 周一星. 关于中国城镇化速度的思考 [J]. 城市规划，2006，30（S1）：32-35+40.

[118] 黄祖辉，邵峰，朋文欢. 推进工业化、城镇化和农业现代化协调发展 [J]. 中国农村经济，2013（1）：8-14+39.

[119] 刘厚莲. 人口城镇化、城乡收入差距与居民消费需求——基于省际面板数据的实证分析 [J]. 人口与经济，2013（6）：63-70.

[120] 程莉，滕祥河. 人口城镇化质量、消费扩大升级与中国经济增长 [J]. 财经论丛，2016（7）：11-18.

[121] 蒙荫莉. 金融深化、经济增长与城市化的效应分析 [J]. 数量经济技术经济研究，2003（4）：138-140.

[122] 邓德胜，刘京锋，花琪. 中国城市化与金融发展关系研究 [J]. 江西社会科学，2008（9）：102-105.

[123] 贾洪文，胡殿萍. 中国金融发展与城镇化相关性——基于1991~2011年数据的实证分析 [J]. 首都经济贸易大学学报，2013（4）：44-50.

[124] 张子宸，李宾. 城镇化、金融发展与城乡统筹关系研究 [J]. 经济问题探索，2014（6）：60-66.

[125] 杨慧，倪鹏飞. 金融支持新型城镇化研究——基于协调发展的视角 [J]. 山西财经大学学报，2015（1）：1-12.

[126] 梁彭勇，梁平，任思慧. 中国金融发展与城市化关系的区域差异 [J]. 上海金融，2008（2）：14-17.

[127] 张宗益，许丽英. 金融发展与城市化进程 [J]. 中国软科学，2006（10）：112-120.

[128] 牛启春,刘翔.西部地区金融发展对产业结构和城市化影响的实证研究[J].金融经济,2008(20):126-127.

[129] 王常雄,吴晓俊,钱海刚.金融发展对城市化的影响分析——基于省际面板数据的分析[J].全球科技经济瞭望,2009,24(7):30-35.

[130] 谷小菁,王定祥.中国金融发展与城市化进程[J].金融理论与实践,2011(9):69-74.

[131] 孙长青.基于VAR模型的城镇化、工业化与金融发展关系分析——以中原经济区为例[J].经济经纬,2012(6):17-21.

[132] 孙永强.金融发展、城市化与城乡居民收入差距研究[J].金融研究,2012(4):98-109.

[133] 李清政,刘绪祚.金融支持与我国新型城镇化互动发展的理论与实证研究[J].宏观经济研究,2015(4):142-152.

[134] 刘丽秋,王小华,温涛.中国金融发展促进"三化"协调发展的实证分析[J].区域金融研究,2012(8):27-33.

[135] 武洪玲.我国金融发展、经济增长与城市化关系研究[J].安徽工业大学学报(自然科学版),2012,29(3):289-293.

[136] 李树生,曹云峰,高立红.金融发展能促进农村城镇化吗?[J].首都经济贸易大学学报,2015,17(1):17-23.

[137] 熊湘辉,徐璋勇.中国新型城镇化进程中的金融支持影响研究[J].数量经济技术经济研究,2015(6):73-89.

[138] 方少勇.小城镇城市化金融支持与政府干预[J].金融理论与实践,2005(4):3-5.

[139] 陆磊.镇化进程中的金融需求结构演变与金融创新[N].金融时报(理论版),2007-10-22.

[140] 肖光庆.对达州市农村金融需求情况的调查[J].西南金融,2008(3):30-31.

[141] 张志峰等.关中—天水经济区城市化发展的金融支持[M].北京:中国金融出版社,2011(6):98-99+171.

[142] 刘毅.城镇化发展与微型金融[N].金融时报,2013-04-15(009).

[143] 丁汝俊，段亚威. 农村金融体系构建：加快我国城镇化发展的重要推动力 [J]. 财经科学，2014（1）：10-18.

[144] 张润林. 微型金融研究文献综述 [J]. 经济学动态，2009（4）：133-137.

[145] 焦瑾璞，杨骏. 小额信贷和农村金融 [M]. 北京：中国金融出版社，2006.

[146] 贾艳辉. 微型金融业务中信息不对称问题研究 [D]. 西南财经大学，2009.

[147] 杜晓山. 对当前小额信贷及相关热点问题的思辨 [N]. 金融时报，2013-03-04（012）.

[148] 赵冬青，王康康. 微型金融的历史与发展综述 [J]. 金融发展研究，2009（1）：77-79.

[149] 曲小刚. 农村正规金融机构双重目标兼顾研究 [D]. 西北农林科技大学，2013.

[150] 中国农业银行新疆分行联合课题组卢国林. 新疆城镇化建设中微型金融发展研究 [J]. 农村金融研究，2013（8）：56-58.

[151] 徐淑芳，彭馨漫. 微型金融机构使命偏移问题研究 [J]. 经济学家，2013（5）：86-94.

[152] 胡金焱，梁巧慧. 小额贷款公司多重目标实现的兼顾性——来自山东省的证据 [J]. 财贸经济，2015（5）：59-71.

[153] 王维. 微型金融组织研究综述及其政策含义 [J]. 财经问题研究，2010（10）：59-64.

[154] 仇保兴. 新型城镇化：从概念到行动 [J]. 行政管理改革，2012（11）：11-18.

[155] 洪银兴，陈雯. 城市化和城乡一体化 [J]. 理论参考，2005（4）：28-31.

[156] 白永秀，王颂吉. 城乡发展一体化的实质及其实现路径 [J]. 复旦学报（社会科学版），2013（4）：149-156+171.

[157] 黎苑楚，徐东，赵一鸣. 统筹城乡发展的新内涵 [J]. 科技进步与对策，2010（10）：23-25.

[158] 高海燕. 统筹城乡发展研究态势：一个文献综述 [J]. 重庆社会

科学,2011(12):112-115.

[159] W. Arthur Lewis. Economic Development with Unlimited Supplies of Labour [J]. The Manchester School, 1954, 22 (2):139-191.

[160] Schultz, T. W. Capital Formation by Education [J]. Journal of Political Economy, 1960, 68 (6):571-583.

[161] Todaro, M. P. A Model of Labor Migration and Urban Unemployment in Less Developed Countries [J]. American Economic Review, 1969, 59 (1):138-148.

[162] 威廉·配第. 政治算数 [M]. 陈冬野译. 北京:商务印书馆,1978.

[163] Colin Clark. The Conditions of Economic Progress [M]. London:Macmillan, 1940.

[164] Francois Perrour. Economic Space:Theory and Application [J]. Quarterly Journal of Economics, 1950, 64 (1):89-104.

[165] 韩纪江,郭熙保. 扩散—回波效应的研究脉络及其新进展 [J]. 经济学动态,2014 (2):117-125.

[166] 王素斋. 科学发展观视域下中国新型城镇化发展模式研究 [D]. 南开大学,2014.

[167] 韩立新. 新版《德意志意识形态》研究 [M]. 北京:中国人民大学出版社,2008.

[168] 李邦铭. 马克思恩格斯城乡关系思想及其当代价值 [D]. 中南大学,2012.

[169] Henderson J. V. Urbanization and Economic Development [J]. Annals of Economics & Finance, 2003, 4 (4):75-341.

[170] 叶维武. 金融深化与中国农村经济发展 [D]. 中国社会科学院研究生院,2013.

[171] 爱德华·肖. 经济发展中的金融深化 [M]. 邵伏军,徐晓明,宋先平译. 上海:格致出版社,上海三联书店,上海人民出版社,2015.

[172] R. I. 麦金农. 经济发展中的货币与资本 [M]. 卢骢译. 上海:上海人民出版社,1997.

[173] 雷蒙德·W. 戈德史密斯. 金融结构与金融发展 [M]. 上海:

三联书店上海分店，1990.

[174] 马守荣，许涤龙，李正辉. 金融相关比率的统计界定与分析 [J]. 中国统计，2013（5）：24-26.

[175] 王修华，邱兆祥. 农村金融排斥：现实困境与破解对策 [J]. 中央财经大学学报，2010（10）：47-52.

[176] Kempson E., Whyley C. Kept out or Opted out? Understanding and Combating Financial Exclusion [M]. Bristol, UK: The Policy Press, 1999.

[177] Thrift N. J., Leyshon A. Financial Exclusion: Can Mutuality Fill the Gap? [C]. Rossiter, J. (Ed.). Financial Desertification, in London, New Policy Institute, 1997: 11-16.

[178] 田霖. 金融排斥理论评介 [J]. 经济学动态，2007（6）：83-89.

[179] 张晶，梁斯，常小雨. 我国金融排斥的形成、表现及治理路径选择 [J]. 金融教学与研究，2014（4）：30-34.

[180] Kempson E., Whyley C., et al. In or out? Financial Exclusion: A Literature and Research Review [R]. University of Bristol, Financial Services Authority, 2000.

[181] 王修华，何梦，关键. 金融包容理论与实践研究进展 [J]. 经济学动态，2014（11）：115-129.

[182] Kumar B., Mohanty B. Financial Inclusion and Inclusive Develoment in SAARC Countries with Special Reference to India [J]. Vilakshan the Ximb Journal of Management，2011，8（2）：13-22.

[183] Andrianaivo M., Kpodar K. ICT, Financial Inclusion, and Growth Evidence from African Countries [R]. Imf Working Papers, 2011: 1-45.

[184] Sarma M., Pais J. Financial Inclusion and Development [J]. Journal of International Development, 2011, 23 (5): 613-628.

[185] 王仁祥，喻平. 金融创新理论研究综述 [J]. 经济学动态，2004（5）：90-94.

[186] 凯文·多德，默文·K. 刘易斯. 金融与货币经济学前沿问题 [M]. 陈雨露，王芳译. 北京：中国税务出版社，北京图腾电子出版社，2000：96-126.

[187] 周立. 中国农村金融：市场体系与实践调查 [M]. 北京：中国

农业科学技术出版社,2010.

[188] 李恩平."诺瑟姆曲线":一场美丽的误会[DB/OL]. http://www.vankeweekly.com/? p=76272,2013-10-09.

[189] Bertinelli L., Strobl E. Urbanization, Urban Concentration and Economic Growth in Developing Countries [J]. Ssrn Electronic Journal, 2003 (44):30-76.

[190] 马勇,李振. 城镇化、金融杠杆与经济增长[J]. 金融评论,2016(3):1-19+123.

[191] 白钦先,谭庆华. 论金融功能演进与金融发展[J]. 金融研究,2006(7):41-52.

[192] 杨凤华. 经济发展与金融发展相互作用关系的一般分析[J]. 南通大学学报(社会科学版),2012(1):113-120.

[193] Gurley J. G., Shaw E. S.. Financial Aspects of Economic Development [J]. American Economic Review, 1955, 45 (4):515-538.

[194] 孙玉忠,金融发展与城镇化协同发展研究[D]. 中国农业大学,2016.

[195] 林毅夫,孙希芳. 信息、非正规金融与中小企业融资[J]. 经济研究,2005(7):35-44.

[196] 孙玉奎,冯乾. 我国农村金融发展与农民收入差距关系研究——基于农村正规金融与非正规金融整体的视角[J]. 农业技术经济,2014(11):65-74.

[197] 胡金焱. 中国农村非正规金融:金融的边缘化与制度创新[R]. 博士后研究工作报告,2004.

[198] 阙洪潮. 关于对高利贷设限几个问题的思考[J]. 浙江金融,2009(3):16-1.

[199] 王建民,房东升,王建军. 优势互补与有序竞争:村镇银行、农村资金互助社、小额贷款公司比较[J]. 华北金融,2009(4):26-29.

[200] 村镇银行政策法规汇编[DB/OL]. http://wenku.baidu.com/link? url=dl43aMb01NC3lD48SCzUQ-rwNyaWhfp4ilDBZwxHSHZ6QeXvDjGqrw4WxnqistDOirjk2taU-5Mc4rkoxfponybklChMs8USk-Dc-bB6iku&pn=101.

[201] 刘守英. 指望两权抵押解决所有农户金融需求?不靠谱![DB/

OL]. 财经综合报道, http：//business. sohu. com/20160418/n444673971. shtml.

[202] Charnes A., CooperW. W., Rhodes E. Measuring the Efficiency Decision Making Units [J]. European Journal of Operational Research, 1978, 2 (6)：429- 444.

[203] Banker R., Charnes A., CooperW. W. Some Models for Estimating Technical and Scale Inefficiencies in Data Envelopment Analysis [J]. Management Science, 1984, 30 (9)：1078- 1092.

[204] 许芬. 中国人口城镇化滞后土地城镇化的根源——基于城乡间要素不平等交换视角的分析 [J]. 城市问题, 2016 (7)：12-17.

[205] 林春山. "信贷工厂" 模式的运作机理研究 [J]. 新金融, 2009 (10)：51-53.

[206] 马光远. 小额贷款公司不必都转为村镇银行 [DB/OL]. 搜狐财经, http：//business. sohu. com/20120425/n341616442. shtml.

[207] 贾奇锋. 财政资金扶贫效率研究 [D]. 西南财经大学, 2007.

[208] 杜晓山. 别把普惠金融挂嘴上 仅1%贫困农民会微信支付 [DB/OL]. 网易财经, http：//money. 163. com/16/1207/15/C7MOJ766002580 S6. html.

[209] 郝智伟. 农村公益性小额信贷现状研究——基于贫困户需求视角的分析 [J]. 改革与战略, 2014 (1)：57-59+104.

[210] 李爱华, 张凤. 基于博弈论的微型金融使命漂移问题分析 [J]. 区域金融研究, 2016 (2)：4-9.

[211] 何忠伟. 入世后农村信用合作社发展的制度分析 [J]. 调研世界, 2004 (1)：19-21.

[212] 安翔. 路径依赖下民营金融发展的国际比较——以美国社区银行和日本农村合作金融的发展为例 [J]. 经济问题, 2007 (8)：92-95.

[213] 宋瑞敏. 基于微小型企业发展需要的社区银行研究 [J]. 商场现代化, 2007 (3S)：396-397.

[214] 朱丽洁, 洪正阳. 美国社区银行 "一公分的传统" [J]. 清华金融评论, 2015 (6)：105-108.

[215] 应寅锋, 赵岩青. 国外的农村金融 [M]. 北京：中国社会出版

社，2006.

［216］李宾，马九杰.日本农村金融体系与制度架构及其对我国的借鉴意义［J］.农村金融研究，2014（2）：36-40.

［217］武富士破产：日本首富大战　武井保雄完败孙正义［DB/OL］.http：//wenku.baidu.com/link? url＝bxKafPQ899tlxRRqreR1hjRcDRPA6ejL1OBzO68N67c8Tprwx76FORIDQTGAR5DXIRnWuFnFTcD2nt＿5JLxad－Zi0dQEBZ＿A2dxfQ1Dv967，2011-12-02.

［218］李爱华，李晨光.我国农村金融的属性研究［J］.商业时代，2014（15）：81-83.

［219］伊萨贝尔·撒考克.农村金融与公共物品和服务：什么对小农户最重要［J］.经济理论与经济管理，2010（12）：27-31.

［220］萨提亚南达·加布里埃尔，迈克尔·欣克利，汉尼·瓦格斯.微型金融方法与案例［M］.游春，陈允宏译.北京：中国出版集团东方出版中心，2016.

［221］杨先道.国际微型金融发展的经验及对中国的启示（下）［J］.国际金融，2013（4）：18-22.

［222］冯兴元.格莱珉模式为何在中国走样［DB/OL］.http：//opinion.caixin.com/2014-07-08/100700723.html.

［223］张正平.微型金融机构的商业化、风险与目标偏离：理论与实证［M］.北京：中国金融出版社，2016.

后记

本书是在我博士论文的基础上修订完成的。四十而不惑，我恰恰是在不惑年纪开始攻读博士学位。时光飞逝，回顾走过的路，感谢命运让我有幸遇到这么多关爱我、帮助我的人。

饮其流者怀其源，学其成时念吾师。非常感谢我的导师董继刚教授！老师给予我很大的鼓励，坚定了我继续读书的决心，使我在硕士毕业15年后重新迸发出巨大的求学欲望，并如愿开始攻读博士学位。在学习过程中，从博士论文的选题、架构，到中期检查后对研究内容和思路的调整，直至最后修改、定稿，老师都给予了耐心细致的指导，并在我遇到困难时给予帮助和鼓励。在校求学之路，博士是最后一级台阶，感谢我的导师让我无遗憾地完成了一生中全部的学业道路。老师严谨又不失宽容、踏实又不失活泼，使我受益终生！

感谢山东农业大学的胡继连教授、史建民教授、孙世民教授、葛颜祥教授、杨学成教授、薛兴利教授、董雪艳教授、岳书铭教授、陈盛伟教授在我博士课程学习、开题、中期检查、论文答辩期间给予的理论、研究方法和研究思路等方面的指导，教诲永难忘！感谢每一位老师！祝福每一位老师！

在本书写作过程中，我到中国人民银行济南分行等金融部门进行实地和电话调研并查阅相关数据资料时，都得到了对方热情的帮助。特别是中国人民银行济南分行货币信贷管理处刘旭强处长，在本书写作期间我不断打扰求助，他不仅热情地提供各种资料，还对我提出的各种问题给予了细致的解答，使我对中央银行与具体金融机构在执行一些规制时的现实做法有了更深入的了解，从而使本书中的相关论点、论据更契合实际。在此表示特别的感谢！

感谢我的同事盛业旭博士和王元华博士，在本书写作中，他们从论文逻辑框架到模型的使用、改进，给我提出了诸多的宝贵意见和建议。感谢我的同事王海滋教授和张凤博士，主持的两项科研项目为本书提供了资金支持，使调研和出版工作得以顺利完成。在此一并表示深深的谢意！

感谢爱人的理解和支持。感谢孩子，从初中、高中直到去海外读大学，他的功课越来越重，我的科研任务也越来越紧，以致我无法像其他母亲一样给予孩子细致的照顾，反倒是他不仅帮我安装软件、处理电脑操作中的一些问题，还独立完成学业并处理一些家务，免掉我许多后顾之忧。感谢懂事的孩子！学海无涯，让我们一起努力、共同进步！

感谢经济管理出版社的乔倩颖编辑，她为本书的出版做了大量工作。

路漫漫其修远兮，我将深怀感激之情，继续在科研的道路上执着前行，并尽己所能为他人提供帮助，将我的感恩之心传递下去。

李爱华

2019 年 6 月